Georg Neumark: Nach Leben Und Dichten. Zur Feier De Zweihundertsten Wiederkehr Des Todestages Des Dichters Am 8. Juli 1881, Dem Deutschen Volke Und Dessen Reiferer Jugend...

Franz Knauth, Georg Neumark

*Georgius Neomarcus p. t.
Secretary Ducalis Saxo-Vin:
GERMINASCENS.*

(GEORG NEUMARK, zur Zeit Herzoglich Sachsen-Weimarischer Sekretär. Der Sprossende.)

Georg Neumark

nach

Leben und Dichten.

Zur Feier

der zweihundertsten Wiederkehr des Todestages des Dichters

am

8. Juli 1881

dem deutschen Volke und dessen reiferer Jugend

dargeboten

von

Franz Knauth,

Volksschulrektor und Dirigent der Seminar-Präparandenanstalt zu Mühlhausen i. Thür.

Sie nützen und ergetzen

Langensalza,

Druck und Verlag von Hermann Beyer & Söhne.

1881.

Schurz

32-27089

COLUMBIA
UNIVERSITY
LIBRARY

832N397
DK

Vorwort.

In der Reihe jener gottbegnadigten Dichter und Sänger, deren innige Kreuz- und Trostlieder von unvergleichlichem Werte aus dem Drucke der unseligen Zeit des dreißigjährigen Krieges hervorgingen, nimmt

Georg Neumark

unbestritten eine bevorzugte Stelle ein.

Zwei Jahrhunderte sind heute im Strome der Zeiten verrauscht, seitdem er seine Erdenwallfahrt beschloß, aber das köstliche Vermächtnis, welches er uns zumal in seinem „guten Rath in aller Noth", dem herrlichen Liede:

„Wer nur den lieben Gott läßt walten"

hinterließ,

„— noch immer singt es Stadt und Land, und manches Herz, des Kummers Raub, schlägt leichter, — segnet Neumarks Staub."

Dringender denn je mahnt uns daher die Pflicht der Dankbarkeit, eben jetzt pietätvoll des frommen Sängers zu gedenken, zu welchem Ende wir daher an der Hand älterer und neuerer, sorgfältig geprüfter Aufzeichnungen zunächst seinen Lebensumständen, über welche ohnehin so viele unrichtige Angaben im Umlauf sind, näher treten wollen, um dann vor allem jenes Lied des Gottvertrauens, beliebt und verbreitet wie wenig andere, desto allseitiger würdigen zu können.

Nichts ist ja geeigneter, uns das Verständnis eines Dichters zu erschließen, als wenn wir denselben auf allen Lebenswegen begleiten und auf diese Weise nach Möglichkeit mit dem Ursprunge seiner Werke bekannt zu werden suchen.

Daß in vorliegendem Falle aber auch Herz und Gemüt des Lesers nicht leer ausgehen mögen, wolle Gott der bescheidenen Darbietung nach Seiner Gnade verleihen.

Ihm sei die Ehre!

Mühlhausen i. Th., 10. Juni 1881.

F. Knauth.

Inhaltsverzeichnis.

Erste Abteilung.

Das Leben des Dichters.

„Ut fert divina voluntas!"
(„Ich lasse Gott in Allem walten!")
Wahlspruch Neumarks.

Seht nu, wie der fromme Gott
doch den hertzgeliebten Seinen,
wenn die Noht am grösten ist
wunderbar weiß zu erscheinen!
drum hat der sehr wohl gebauet,
der sich nur getrost und fest
in Betrübniß, Angst und Nöhten
auf den lieben Gott verlest.
Georg Neumark.
(Im „Sieghafften David". Jena 1655.)

I.

Neumarks Herkunft, Kindheit und Jugend.

Georg Neumark ist ein Thüringer, aber nicht, wie so oft behauptet wird, in Mühlhausen, sondern in Salza (Salza), dem heutigen Langensalza[1]) geboren.

Dort wohnten seine Vorfahren schon seit Alters, und am Oster=montage des Jahres 1614 — er fiel auf den 25. April — ward in der altehrwürdigen St. Stephanikirche daselbst der Tuchmacher Junggesell Michael Newmark[2]) mit Jungfrau Martha Plattner, der hinter=lassenen Tochter des Ehrenvesten und Hochgelarten Dr. Salomon Plattner[3]) zum ersten Male ehelich aufgeboten, worauf dann am 9. Mai ej. a. die Trauung des jungen Paares erfolgte.

Nachdem nun den Neuvermählten während der Jahre 1615 bis 1618 drei Töchter: Anna Justina, Elisabeth und Anna Katharina geboren waren, durften sie sich am 16. März 1621 auch der Geburt eines Sohnes erfreuen[4]), der nach damaliger Sitte schon Tags darauf die heilige Taufe und in dieser nach seinem Paten, dem Tuchmacher Georg Gutbier[5]), den Namen Georg empfing.

Er ist unser Dichter.

Der Vater muß ein wohlangesehener und intelligenter Mann ge=wesen sein, denn wir hören, daß ihn — es war zwei Jahre nach der Geburt unseres Georg — die reiche Tuchmacher=Innung der Stadt als ihren Vertreter zu einer Versammlung des Innungs=Ausschusses in Quedlinburg abordnete, von wo er erst nach etwa dreimonatlicher Ab=wesenheit zurückkehrte.

Während er aber in Quedlinburg weilte, raubte ihm der Tod sein fünftes Kind, Juditha, im zarten Alter von drei Monaten, denn das Begräbnis fand nach dem Kirchenbuche „in Michael Neumarks Abwesen=heit des Ausschusses zu Quedlinburg" statt.

Bald darauf jedoch, nicht früher und nicht später als im Jahre 1623, erfolgte die Übersiedelung der Familie nach der nahe bei Langen=salza gelegenen Kaiserlich Freien Reichsstadt Mühlhausen. Was sie

1*

zu diesem Umzuge veranlaßt, ist nicht mit Sicherheit anzugeben. Doch darf man annehmen, daß verwandtschaftliche Beziehungen sowohl des Vaters, als namentlich auch der Mutter zu mehrern angesehenen Bürgern, ja hohen Beamten in Mühlhausen, deren Bekanntschaft wir später machen werden, in erster Linie hierbei maßgebend gewesen sein mögen; in zweiter Linie aber wohl der Umstand, daß in jenen immer unruhiger werdenden Zeiten — seit fünf Jahren bereits durchtobten Deutschland gewaltige Kriegsstürme — der Aufenthalt in der starkbefestigten Reichsstadt größere Sicherheit zu bieten schien, als der in dem bei weitem nicht so wohl-verwahrten Langensalza⁶).

Freilich sollte ganz wider Erwarten gerade Mühlhausen vor andern Orten nur zu bald und überaus schwer unter den Kriegsdrang-salen jener Zeit leiden, so daß die Jahre der Kindheit, die unser Georg dort verlebte, recht trübe gewesen sein mögen.

Schon im Jahre 1622 war nämlich Herzog Christian von Braun-schweig mit 24 000 Mann vor Mühlhausen erschienen und hatte von der Stadt 200 000 Thaler „zu einer Ritterzehrung“ verlangt. Zwar wurde das Verlangen abgeschlagen, aber der zur Hülfe herbeigerufene Kurfürst von Sachsen legte 18 000 Mann in das freireichsstädtische Gebiet, welche argen Unfug trieben und während ihres Aufenthalts die Ortschaften aussogen.

Im Jahre 1623 sodann erschien Tilly auf dem Mühlhausen un-mittelbar benachbarten Eichsfelde. Seine Truppen durchstreiften das Stadtgebiet und blieben zu einem Teile bis zum folgenden Jahre in dem nahen Dorfe Ammern in Quartier. Sie mußten gelöhnt, gekleidet und beköstigt werden, was der Stadt, wie der Chronist sagt, viele tausend Gulden kostete.

Zwei Jahre später — am 10. September 1625 — wollte sich Wallenstein, der in der nahen Vogtey, den Dörfern Oberdorla, Niederdorla und Langula, mit seinen Reitern lagerte, der Stadt bemächtigen, ließ sich aber gegen Zahlung von 15 000 Thalern bewegen, von seinem Vorhaben abzustehen. Ja er versprach schließlich der Stadt sogar seinen besonderen Schutz. Indes, es half dies leider sehr wenig; die Truppen nahmen weg, was sie irgend bekommen konnten. Dazu wütete nun auch die Pest in der Stadt und deren Umgegend so heftig, daß in Mühlhausen selbst eintausend siebenhundert und funfzehn Personen starben und nur dreihundert und acht Kinder getauft wurden. Auf den Dörfern aber war die Hälfte der Einwohner gestorben.

General Colloredo kehrte sich wenig an die Mühlhausen gegebene Zusage seines Vorgesetzten Wallenstein. Er blieb, kurze Unterbrechungen abgerechnet, mit seinen Heerhaufen bis zum Jahre 1629 auf den Mühl-

häufer Dörfern, Kontributionen aller Art und Sold für seine Mann=
schaften fordernd. Am tollsten aber trieben es vier Compagnieen Kroaten,
die vom März 1628 bis zum Januar 1629 in Mühlhausen im Quartier
blieben. Sie erhielten wöchentlich 600 Thaler Löhnung und verzehrten
während dreiundzwanzig Wochen nicht weniger als 597 Centner und
86 Pfund Fleisch.

Als sie endlich abzogen, wurde es auch nicht viel besser, denn der
Chronist sagt: „und sind andere an ihrer Statt eingezogen".

Nach der Zerstörung Magdeburgs kam Tilly am 14. Juni 1631
bei Bollstedt, unfern von Mühlhausen, an und lagerte seine Truppen
im Burgfelde bei jenem Dorfe, während er selbst sich in Mühlhausen
einquartierte und vier Wochen lang daselbst verblieb. Einer seiner
Kriegskommissare, Hessin mit Namen, fand während dieser Zeit mit
seinen acht Pferden bei einem Hans Neumark eine Unterkunft, der
somit ein angesehener, mindestens wohlhabender Bürger der Stadt ge=
wesen sein muß. Vielleicht war er ein Bruder von Michael Neumark.

Zuletzt sei noch erwähnt, daß auch Pappenheim auf einige Tage
in Mühlhausen vorsprach und sich gütlich that. Als er aber dann bei
seinem Abmarsche statt der zuerst geforderten Kontribution in Höhe von
100 000 Thalern nur 40 000 Thaler erhielt, nahm er eine größere Zahl
der angesehensten Bürger als Geißeln mit, die ihm für die Zahlung
der Restsumme haften sollten. Nur wenige dieser Ärmsten sahen die
Heimat wieder; die meisten starben in der Gefangenschaft, fern von
der Heimat.

Dies in kurzen Zügen ein Bild der Drangsale, die damals Mühl=
hausen heimsuchten. Jahraus, jahrein kamen bald kaiserliche, bald
schwedische Truppen, bald Freunde, bald Feinde, die einen so schlimm
wie die anderen hausend, in die unglückliche Stadt, und „nur der war
seines Eigentums und seines Lebens sicher, der beides kräftig mit eigner
Hand zu verteidigen verstand".

Sollten nun von all diesen traurigen Ereignissen nicht auch in
dem kindlichen Herzen unseres Georg mehr oder minder tiefe Eindrücke
ernstester Art haften geblieben sein? Gewiß! Der liebe Herrgott führte
den nachmals „noch viel umhergeworfenen Mann" bereits in seiner
Kindheit durch eine Kreuzesschule, in welcher „das geduldig leidende
Gemüt" zu jenem Gottvertrauen erstarkte, das ihn bis in sein Alter
nie verließ und in seiner geistlichen Lyrik so oft herrlich zu Tage trat.

Die Eltern, sicher auf eine sorgfältige Erziehung ihrer Kinder und
insbesondere des erstgebornen Sohnes, unsers Georg bedacht, nahmen
bald dessen vorzügliche Geistesgaben wahr und bestimmten ihn daher
für eine wissenschaftliche Laufbahn.

Sie werden ihn, sobald er das schulfähige Alter erreicht hatte, zunächst dem Gymnasium zugeführt haben, dessen Besitzes sich Mühlhausen als seiner ersten evangelischen Stadtschule schon seit Anfang des sechzehnten Jahrhunderts erfreute. War es doch kein Geringerer als Melanchthon gewesen, der dieser Anstalt auf den Wunsch des Rates der Stadt, in seinem wackern Schüler Hieronymus Wolf den ersten Rektor zugeführt hatte!

Zu der Zeit nun, von welcher hier die Rede, leitete M. Georg Andreas Fabricius, rühmlichen Andenkens, jene Schule; leider indes ist Näheres über den Besuch derselben seitens des jungen Georg Neumark nicht bekannt.

War er aber Schüler derselben, so hat er sich als solcher auch je und dann an der Feier des Popperodaer Brunnenfestes[7]) beteiligt, welche eben damals ins Leben getreten war und von allem Anfange an zumal von der Schuljugend der Stadt alljährlich mit großer Freude begangen wurde und — setzen wir hinzu — noch heute begangen wird. Denn offenbar deutet Neumark auf jene Feier hin, wenn er, bereits in reiferen Jahren stehend, in einer Strophe sagt:

> „Als Thyrsis[8]) nun war ganz besonnen
> Zu reisen in sein Vaterland,
> Zu seinem Popperoderbronnen
> An seinen lieben Unsterstrand[9])
> Setzt' ER sich nieder mit Verdruß
> An den berühmten Pregelfluß."

Überhaupt zeigte er sein Lebelang die größte Anhänglichkeit an Mühlhausen und sehnte sich, nachdem er es schon sehr früh hatte verlassen müssen, oft danach, wieder einmal dorthin zurückzukehren.

So singt er, als der dreißigjährige Krieg zu Ende war, u. a.:

> Nun dies ist mein Begehren,
> Der Höchste woll' es mir doch gnädiglich gewehren,
> Daß weil der Kriegessturm sich endlichen gelegt,
> Und das Germanenreich den edlen Frieden hegt,
> Durch Gottes Vatergunst, ich meinen Anverwandten,
> Dem lieben Vaterland', und andern Blutsbekannten
> Nur möchte dienstlich sein: Dem, der vor allen geht,
> Und mir in dieser Welt, nächst Gott, am nächsten steht;
> Euch meinem Theodos; dem alten edlen Vetter,
> Dem weisen Gottfried dort, der in so manchem Wetter
> Und harten Kriegessturm in jener freyen Stadt,
> Von Mühlen her benahmt, sich so erzeiget hat,

Daß man mit allem Recht ihn Traſibulen gleichet,
Dem er an Bürgertreu und Gunſt mit nichten weichet;
Es muß ihm Zeuge ſein der andre Ferdinand,
Bei dem Er, als Legat, ſein liebes Vaterland
Mit Reden hat geſchützt.

Auch als er vernahm, daß dieſer ſein geehrter Vetter, Herr Gott=
fried Plattner,[10] der Keyſerl Frey. Reichsſtadt Mühlhauſen älteſter
Bürgermeiſter des Todes verblichen, war es vornehmlich die Erinnerung
an das letzte Wort, welches der Verſtorbene einſt an ihn gerichtet, die
ihn zu folgender Strophe begeiſterte:

„Als ich dort von Ihm zog, war dieß ſein letztes Wort:
Zieht, lieber Vetter hin, und kommt an dieſen Ohrt
Bald wieder zu uns her! Ach, hochgeliebter Vetter,
Wie gerne käm ich doch aus dieſem Drangſalswetter
Zu Euch, wenn GOTT nur wolt'!"[11]

Ob Neumark indeß jemals wieder in Mühlhauſens Mauern ge=
weilt, läßt ſich nicht nachweiſen. Der Vater lebte daſelbſt als wohl=
habender und angeſehener Bürger — man zeigt ſein Wohnhaus, „Die
Sonne", am Salzmarkt unter Nr. 87 gelegen, noch heute — bis zum
Jahre 1668. Die Mutter freilich war ſchon früh heimgegangen ins
Jenſeits, da ſich jener bereits im Jahre 1640 zum zweiten Male mit
einer verwitweten Frau[12] Anna Katharina . . . . ? verheiratete, und
zwar juſt zu derſelben Zeit, in welcher ſeine älteſte Tochter Anna
Juſtina mit Herrn Hieronymus Ehre, Paſtor in Sollſtedt und
Kaiſershagen, ſpäter in Felchta nahe bei Mühlhauſen, in den Eheſtand trat.

Endlich aber muß es doch wohl auch für einen Beweis der be=
ſonderen Anhänglichkeit des Dichters an jene zweite Heimat deſſelben
angeſehen werden, daß er ſich lebenslang ſchrieb und nannte: „Georg
Neumark von Mühlhauſen", obſchon dies Vorgehen allerdings auch
wohl in dem Umſtande begründet war, daß eben dieſe Stadt ſchon ſeit
Längerem durch die Namen hochgefeierter Dichter und Tonmeiſter, eines
Ludwig Helmbold, Joachim von Burgk, Johannes Eccard,
Johann Rudolph Ahle und anderer glänzte, denen er nun den
ſeinigen anreihen zu ſollen glaubte.

Die ſpäteren Jahre der Kindheit Georgs anlangend, ſo iſt ſo viel ſicher,
daß die Eltern ihn noch ein auswärtiges Gymnaſium beſuchen ließen.

Zunächſt wohl, etwa um 1632, das in Schleuſingen,[13] wo u. A.
M. Andreas Reyher, ſpäter Rektor am Gymnaſium zu Gotha, ſein
Lehrer war.

Von dort aber ging Neumark nach Gotha, und hier fanden ſich
dann Reyher, ſeit dem Jahre 1640 daſelbſt amtierend, und Neumark

aufs neue zusammen, wenn auch nur auf kurze Zeit.[14]) Letzterer berichtet selbst: „Zu Gotha, dem Fürstlich Sächsischen Löblichen Gymnasio unter dem damaligen Director Gymnasii Herrn Johann Weiz und nachgehends unter Rectorem Herrn M. Andreas Reyter (Reyher) habe ich durch Gottes Segen die Fundamente meines Studierens dergestalt gelegt, daß ich von meinen oft gesagten Herren Präceptoren vor tüchtig gehalten wurde, die Universität nützlich zu besuchen."

Schon als Gymnasiast in Gotha nun gewann er die Poeterei lieb, denn dort bereits dichtete und sang er das schöne Morgenlied:

„Es hat uns heißen treten,
O Gott, dein lieber Sohn
Mit herzlichen Gebeten
Vor deinen hohen Thron,
Und uns mit theurem Amen
Erhörung zugesagt,
Wenn man in seinem Nahmen
Nur bittet, fleht und klagt."

Ebenso aber steht auch fest, daß Neumark bereits damals sich fleißig in der Tonkunst, und namentlich im Spiel der Viola di Gamba oder Kniegeige übte, auf welches er sich später meisterhaft verstand.

Wer jedoch in dieser Kunst sein Lehrmeister gewesen, läßt sich leider nicht mehr ermitteln. Er war eben ein Thüringer, und es ist ja bekannt, wie hoch von diesen seit Alters die Musik und deren Pflege gehalten wird.

———

II.

Erlebnisse des Jünglings, fern von der Heimat.

Noch immer währte die „groß-trübselige Zeit" des dreißigjährigen Krieges und insbesondere waren es eben jetzt Mittel- und Süddeutschland, welche unter den Drangsalen desselben entsetzlich zu leiden hatten.

Alles lag danieder, zumal auch der Handel. Denn welcher Kaufmann wollte es wagen, seine Ware auf die Landstraße zu bringen, da er stets fast mit Sicherheit fürchten mußte, von irgend einem vorüberziehenden Heerhaufen überfallen, oder von den zahlreichen Räuberbanden, die aller Orten hausten, beraubt oder wohl gar gemordet zu werden!

Gern schlossen sich daher stets mehrere Kaufleute einander an, wenn es beispielsweise galt, die Messe in Leipzig zu beziehen, und eine solche Reisegesellschaft war es denn auch, mit welcher sich der angehende Student Georg Neumark um Michaelis des Jahres 1640 nach jener Stadt begab.

Er schreibt:[15] „In Gottes Namen habe ich mich auf Gutachten meiner Eltern mit etlichen Kaufleuten, so auf die Michaelis-Messe nach Leipzig reiseten, aus meinem Vaterlande erhoben."

Nicht aber lag es in seiner Absicht, schon in Leipzig seine Studien zu beginnen, obschon von einigen behauptet wird, er habe dort, seiner eignen Erzählung zufolge, als Jurist die Schriften des Andreas Gail und des berühmten Benedict Carpzow jun. mit besonderm Fleiße studiert, außerdem aber in seinen Mußestunden der Poesie, sowie der Musik sich gewidmet und durch sein meisterhaftes Spiel auf der Kniegeige in trüben Augenblicken erheitert.

Wir vermögen die Quelle, aus welcher diese Mitteilung zuerst geflossen, nicht anzugeben, bemerken dagegen, daß Neumark in dem uns vorliegenden Berichte ausdrücklich erzählt, er habe „nach vollendeter Messe neben viel andern Leuten, welche bei uns mit der Kaufmannsfuhre reiseten, Leipzig wieder verlassen".

Und in der That hatte er sich auch vorgenommen, fern vom Kriegsschauplatze, in Königsberg die Rechte zu studieren, zumal dort kurz zuvor, im Jahre 1639, ein Simon Dach den Lehrstuhl der Poesie bei der Universität bestiegen hatte. Von diesem gefeierten Dichter wollte er sich zugleich in der ihm so lieben Poeterei weiter fördern lassen.

Die Reise dorthin sollte jedoch nicht ohne die unliebsamsten Unterbrechungen vor sich gehen.

„Auf der Gardeleger Heide in der Altmark angekommen," setzt er den oben angeführten Bericht fort, „wurden wir räuberisch überfallen und ich verlor in der welterschollenen großen Plünderung all das Meinige an wenigen Reisegeldern, Kleidern und Büchern, welches in einem Kästlein zusammen gepacket war, so daß ich nichts mehr als mein Gebet- und Stammbuch, auch ein weniges an Gelde, so ich zu Leipzig zu mir gestecket, um davon auf dem Wege zu zehren, mit Gott davon gebracht und also in das erste Reiseunglück gerathen bin.

„Was sollte ich nun thun? Wiederum zurück- und umkehren war wegen großer Unsicherheit gar nicht ratsam, entschloß mich derohalben unter dem Schirm Gottes mit ein paar guten Freunden fortzuwandern in der Hoffnung, der liebe Gott würde mir ja unterwegens anhelfen.

„Da ich denn zum ersten nach Magdeburg gelangte, wo ich den berühmten Theologum Herrn Doctor Reinhard Baaken (Back), Pfarrherrn und zur Zeit Thumprediger (Domprediger) daselbst zusprach, mein Unglück klagte und um Beförderung bat, auch mein Stammbuch überreichte, worinnen er mir zum Glück meiner sel. lieben Mutter zweier Brüder, nämlich Herrn Günther Heinrich Plattners, gewesenen

sächsischen Hof= und Konsistorialrats zu Weimar und Herrn Gottfried
Plattners, gewesenen Bürgermeisters in der kaiserlich- Freyen Reichs=
stadt Mühlhausen eingeschriebene Namen antraf, mit welchen beiden be=
sagter H. Dr. Baake in jüngern Jahren auf der Universität Witten=
berg, seinem Berichte nach, gute vertraute Freundschaft gepflogen, dahero
er groß Mitleiden wegen meines zugestoßenen großen Unglücks mit mir
hatte, mich unterzubringen sehr bemühete und emsig Nachfrage hielte,
und mich inzwischen oft zu Tische fordern ließ, welches in die dritte
Woche währete.

„Aber alles angewandten Fleißes ungeachtet wollte sich vor mir
nichts finden.

„Gab mir derowegen ein ansehnliches Viatikum (Reisegeld) und
Recommandationsschreiben nach Lüneburg an H. Dr. Wilh. Wul=
kovium (Wulkow), Bürgermeister und Syndicum des Orts, womit ich
in Gottes Namen mit einem Boten, welcher eben damals dahin ab=
gefertigt wurde, weil meine vorige gute zwei Gefährten schon vor acht
Tagen sich weiter begaben, nach Lüneburg fortgereiset, da ich denn also=
bald als ich hinkomme, bei wohlbesagtem Bürgermeister Herrn Dr. Wul=
kovio mich angemeldet, der mich nach durchlesenem Herrn Dr. Baakens
Schreiben, weil er mit denen vorhero benannten meinen Vettern Platt=
nern in guter Freundschaft gestanden, gutthätig aufgenommen und in
meiner Gegenwart den Rectorem Gymnasii zu sich erfordert und er=
suchet, sich zu bemühen, mir ein fein Hospitium (Herbergshaus) auszu=
machen, worauf ich auch bis in den zwölften Tag gewartet.

„Weil aber des lieben Gottes Hülfsstünblein noch nicht kommen,
mußt ich zufrieden sein und war alle Nachfrage umsonst, dahero ich
herzlich betrübet worden; weil aber Herr Dr. Wulkovius mir gute Hoff=
nung machte, und mich neben einer guten Verehrung (Geldgeschenk) nach
Winsen, so ein Flecken an der Elbe unweit Hamburg, an den Amtmann
daselbst, der ihn jüngster Tag schriftlich ersuchte, ihm einen Pädagogum,
so ein Musicus, zuzuweisen, verschriebe, war ich wieder ziemlich Muts.

„Aber als ich daselbst ankommen, war vor zwei Tagen einer an die
Stelle befördert worden, worüber ich wieder herzlich erschrak, setzte mich
derowegen, nachdem ich von diesem Amtmann, dessen Name mir ent=
fallen, eine Recommandation nach Hamburg an den vornehmen be=
kannten Theologum Hrn. Dr. Joh. Müllern erhalten, in Jesu Namen
auf ein klein Kaufmannsschiff, auf welchem ich einen ehrlichen Bürger
von Hamburg antraf, mit dem ich in gute Kundschaft geriete und
Versprechung bekam, er wollte mich in Hamburg bei einen vornehmen
Mann bringen, da ich gute Sache haben sollte, weil ich auf Instrumenten
spielen könnte.

„Wie wir nun in die Stadt kommen, hat diese versprochene Beförderung, weil der vermeinte Hospes (Gastfreund) bettlägerig und todtkrank worden, leider! auch keinen Fortgang gehabt.

„Herr Dr. Müller aber gab mir gute Vertröstung mit diesen Worten: die Stadt wäre groß, und wären viel Liebhaber von der Musik, ich sollte nur an guter Gelegenheit nicht zweifeln; ließ es auch an fleißiger Nachforschung nicht mangeln, welches in die vierte Woche währete.

„Mittlerzeit wurde ich mit Johann Naumannen, einem Buchführer (Buchhändler) des Orts bekannt, der meine Schäferei „Belliflora",[16] die ich, weil ich ohnedas müßige Zeit, ausarbeitete, zum ersten Male verlegte und mir vor meine Müh etliche Thaler zahlete, auch mir sonsten viel Gutes that, worüber ich froh wurde und wieder etwas Lust bekam.

„Als aber in dieser so großen Stadt mir es auch nicht glücken wollte, meines lieben Gottes Hülfe sich noch immer verborgen hielte und alle Hoffnung zur Beförderung vor meinen Augen erloschen war, nahm ich wehmütig und voll Betrübniß von Herrn Dr. Müllern und allen erlangten Bekannten Abschied, und machte mich mit etlichen Hamburgischen Bierfuhren nach Kiel in Holstein, welche Landschaft vor Alters Cymbria hieß, auf den Weg und kam glücklich daselbst an, legte mich in eine Herberge voll kindlichen Vertrauens, mein himmlischer Vater würde sich ja endlich einmal wieder über mich erbarmen, mir unterhelfen und mich väterlich versorgen.

„Der Oberpfarrer daselbst, M. N. Becker, der ein Thüringer, nahm mich, als ich mich bei ihm angegeben und mein ausgestandenes großes Unglück der Veränderung erzählet, mitleibig und sehr freundlich an, zog auch den Stadtphysicum des Orts, Herrn Dr. Paulum Mothen, mit dem er vertrauliche Freundschaft hielte, zu Rat, welche beide vornehme Männer sich meiner rechtschaffen annahmen und mich treulich versicherten, ich sollte unbefördert nicht von dannen ziehen, sie wüßten eine herrliche Gelegenheit vor mich, nur müßt ich eine Zeitlang gedulden, sie wollten mir inzwischen wechselweise die Kost geben, welche angebotene Gutthat mich wieder etwas ermunterte.

„Es lief aber die erste, andere und fast dritte Woche hinweg, daß es sich wieder anließ, als wollte der liebe Gott noch nicht helfen, deswegen ich aufs neue in großen Kummer geriet, sonderlich weil diese Tischgängerei, zwar nicht von den Herren, sondern von andern zu Zeiten scheelsüchtig aufgenommen wurde, welches auch sehr schmerzte, zumal wenn ich meinen klagbaren Zustand überlegte, das ungestüme Schnee= und harte Winterwetter, bei welchem mir als einem abgeschälten und ausgeplünderten Menschen weiter zu reisen unmöglich war, vor

Augen sehe, meinen ziemlich ausgeleerten Beutel, in welchem ich eher
die Naht als Münze fühlete, betrachtete, und mein elendes Wesen, indem
ich nicht mehres als was ich am Leibe trug im Besitz hatte, bei mir
erwog, und daß ich einen Weg von meinem Vaterlande, welches in
vollen Kriegsflammen stunde und nichts daraus zu erlangen, zu Sinne
zog, so wurde ich so melancholisch, daß oftmals ich des Nachts in meiner
Kammer den lieben Gott mit heißen Thränen knieend um Hilfe anflehete,
welches mein Weinen und Klagen der liebe und barmherzige Gott, des
Güte alle Morgen neu und mich über mein Vermögen nicht versuchete,
endlich ganz unvermeint angesehen und mir schleunig seine große Gnade
und Hilfe erscheinen ließ.

„Indem es sich begab, daß der Pädagogus des Amtmanns Herrn
Stephan Hennings daselbst, — welcher (letztere) abwesend und ins Amt
Neuenmünster verreiset war — neben andern liederlichen Purschen
zu Zeche gegangen, des Nachts herumgeschwärmt und dergestaltige böse
Händel verübt, daß sie aus Furcht, man würde sie bei den Köpfen
nehmen und der Gebühr nach bestrafen, bei frühe heimlich aus der
Stadt und davon gelaufen, welchen Handel vorbesagte meine beiden
Patrone mir den Morgen darauf kund thaten und darbei sagen ließen,
ich sollte getrost sein, es wäre nun die Stelle, worauf sie bisher gedacht,
erlöset, ich möchte mich nur bis zu des Herrn Amtmanns Heimkunft
gedulden.

„Als dieser nun den dritten Tag nach Hause kommen, wurde ich
Vormittags zu dem Herrn Oberpfarrer, bei dem auch Dr. Moth gegenwärtig war, welche beide des Amtmanns vertraute, familiäre Freunde
und wie Inspektores über dessen Kinder und deren Information, gefordert,
da sie mir diese herrliche Condition und deren sämtlichen Umstände und
ganze Beschaffenheit an- und vortrugen, auch alsobald den Nachmittag
darauf in Gegenwart dieser beiden Beförderer wirklich angenommen wurde.

„Welches schnelle und gleichsam vom Himmel gefallene Glück mich
herzlich erfreuete und noch des ersten Tages meinem lieben Gott zu
Ehren das hin und wieder wohlbekannte Lied:

> Wer nur den lieben Gott läßt walten
> Und hoffet auf Ihn allezeit,
> Der wird Ihn wunderlich erhalten
> In aller Noth und Traurigkeit.
> Wer Gott dem Allerhöchsten traut,
> Der hat auf keinen Sand gebaut.

aufzusetzen und hatte genug Ursache, der göttlichen Barmherzigkeit vor
solche erwiesene unversehene Gnade sowohl damals als noch jetzo und
bis an mein Ende herzinniglich Dank zu sagen.

„Und gebe einem chriſtlichen Herzen zu bedenken, ob es nicht eine harte Heimſuchung Gottes ſei, wenn ein junger Menſch von dem Vaterland weit entfernt und ganz ausgeplündert ſolchen Unglücksfällen keine Hülfe weiß, auch keinem Wechſel an barem Gelde wiederum zu gewarten und in ſo‧ manchen ſchönen Städten, ungeacht ſo viele Patrone ſich befunden, doch unbefördert immer weiter in die Welt reiſen muß?

Und ob es auch nicht vor eine ſonderbare wieder darauf erfolgte Gnade des himmliſchen Vaters zu achten ſei, wenn man in der äußerſten Not, da alle Hilfe aus zu ſein ſcheint, ganz unverhofft eine ſolche vortreffliche Beförderung erlangt, wie Gott an mir gethan, indem ich zu ſolchen Leuten komme, die mich recht väter= und mütterlich geliebt, mit Kleidern und andern Notburften wieder verſehen und, weil ich in dem Hauſe morgens und abends ordentliche Sing=, Bet= und Leſeſtunden angeſtellt, welches meinem Herrn Amtmann und deſſen Eheweibe herzlich lieb, und vorher niemals geſchehen, und mit einem ſchönén Klavizimbel (— ein Taſteninſtrument deſſen Saiten durch Rabenfedern berührt wurden —) ſo lange Zeit ungebraucht ge= ſtanden, darein ſpielte, auch der liebe Gott meine Kinderinformation merklich ſegnete, mir überflüſſig Gutes thaten, ja endlich nach dreien Jahren mit einem ſtattlichen Zehrpfennige und anderm ſeinem not= bürftigen Vorrate mich abfertigten, mit ihren eigenen Pferden und Kaleſch neben dem Schreiber bis nach Lübeck führen und daſelbſt mich auf ein Schiff, ſo gleich ſegelfertig auf guten Wind wartete, ganz frei bis nach Danzig verdingen und unterbringen ließen.“

So weit der Bericht Neumarks, den er kurz vor ſeinem Ende ſeinen Kindern in die Feder diktierte.

Am Tage ſeiner Einſchiffung in Lübeck aber dichtete er auch ein „Sonett,“ das mitzuteilen wir uns nicht verſagen können. Liefert daſſelbe doch gleichfalls einen beredten Beweis ſeines unerſchütterlichen Gottvertrauens.

Sonnet.

Als ich zu Lübeck im 1643. Jahre den 12. April zu Schiffe, um nach Königsberg auf die Univerſität zu reiſen, ging.

> Neptunus ſoll zwar ſein ein Gott der ſtolzen Wellen,
> Und Eolus der Wind, imfall daſſelb’ iſt wahr,
> Was uns zu ſagen pflegt die kluge Tichterſchar;
> Und gleichwohl können Sie noch niemals nicht erhellen,
> Daß ſie beſänftigen der Winde ſtarkes Bellen.
> Hier gilt Neptunus nichts, auch Eolus keine Haar!
> Wenn wir armſeelige geraten in Gefahr,

So muß uns Gott allein in solchen Unglücksfällen
  Erretten aus der Noht, wenn der nicht bei uns ist,
  So hilft kein Ankerseil; des Schiffers Kunst und List,
Wie groß sie auch mag sein, kann nichts allhier versagen.
  Drum hilf, du treuer Gott, denn du bist Herr der See,
  Daß ich frisch und gesund ohn' alles Ach und Weh.
An den gewünschten Port des Pregels an mag langen.

III.

Studienzeit in Königsberg und Rückkehr nach Thüringen über Thorn, Danzig und Hamburg.

Die Reise von Lübeck nach Königsberg ging ohne jeden Unfall von statten, und an letzterem Orte angekommen, widmete sich Neumark, nunmehr bereits zwei und zwanzig Jahr alt, daselbst mit allem Eifer dem Studium der Rechtswissenschaft.[17])

Im Jahre 1544 gegründet, erfreute sich die Universität Königsberg fort und fort eines hohen Rufes. Zählte sie doch eben jetzt über zweitausend Studenten! Der berühmteste ihrer Professoren aber war damals unstreitig Simon Dach, der, wie bereits bemerkt, im Jahre 1639 den Lehrstuhl der Poesie bestiegen hatte und sehr bald eine eigene Poetencolonie um sich sammelte, von welcher mehr als zweihundert Lieder vorliegen, die, des Bürgerrechts im evangelischen Kirchengesange würdig, in zahlreiche Gesangbücher übergegangen sind.

Die neuere Dichtkunst im Sinne und Geiste des bahnbrechenden Martin Opitz von Boberfeld († 1639) fand in Simon Dach und dessen Freunden Robert Roberthin, Heinrich Albert, Valentin Thilo u. A. die eifrigste und sorgsamste Pflege, und so war es kein Wunder, daß unser Neumark bei seiner Vorliebe und unverkennbaren Begabung für Poesie und Musik je länger, je mehr zu diesen Männern sich hingezogen fühlte.

Näheres über seine Berührung mit ihnen ist freilich nicht bekannt, doch lassen verschiedene Thatsachen darauf schließen, daß er mit einzelnen Mitgliedern jener „Ostpreußischen Dichter= und Tonschule" in unmittelbarem Verkehr gestanden. So sind mehrere seiner Gelegenheitsgedichte an Preußische Freunde gerichtet, die, wie bekannt, zu Dach hielten, an Nicolaus Korf, Albrecht von Schwan, den er seinen „Tischgesellschafter" und „getreuen Bruder" nennt, an Daniel Seiler, M. Sebastian Wirbig u. A. m. Von Heinrich Albert aber, dem Dichter und Sänger des köstlichen Morgenliedes: „Gott des Himmels und der Erden" entlehnte er die Gewohnheit, seinen Gedichten fremdländische Melodieen, z. B. polnische und französische Arien, anzupassen, und endlich verleibte er seinem „Musikalisch=poetischen Lustwalde", von dem weiter unten des Näheren die Rede sein wird, auch Tonsätze verschiedener Preußischer Meister, eines Bythner, Erben, Weich=mann u. A. ein.

So mag denn Neumark seine Studienzeit vielfach auch dazu benutzt haben, sich nicht nur in der Dichtkunst, sondern auch in der Musik zu vervollkommnen. Denn gerade durch seine vorzüglichen Leistungen auf letzterem Gebiete erwarb er sich, wie unzweifelhaft feststeht, die besondere Zuneigung mehrerer hochgebildeter Adelsfamilien, wie der Schlieben, Kreytzen ꝛc. Seine Fertigkeit im Spiel der Gambe gewährte an Geburts=tagen und bei Hochzeiten seiner Gönner den von ihm selbst gedichteten und componierten Liedern stets einen besonderen Reiz.

Obwohl meist harmlos, zahm und geschmeidig, konnte der poetische Musiker doch auch in leidenschaftliche Erbitterung geraten, wenn man sein Saitenspiel verachtete. Einst kam daher ein solcher vornehmer Verschmäher seiner Kunst sehr übel bei ihm an, indem er eine Strophe an denselben richtete, die an derben Ausfällen nichts zu wünschen übrig läßt.

Jene Preußischen Dichter nun verfaßten zunächst mit Vorliebe so-genannte Schäfereien oder Schäfergedichte, in denen aber nur selten Töne echter Empfindung spürbar waren, die vielmehr zum größten Teile Gefühle darstellten, welche den Dichtern selbst fremd waren.

Die übrigen Lieder des Dichterbundes indes waren dem Lobe der Freundschaft, sowie ernsten religiösen Stimmungen geweiht; am leb-haftesten aber spricht sich in allen weltlichen und geistlichen Gedichten das Bewußtsein der Vergänglichkeit aus, geweckt durch die Epidemieen, die damals mehrfach Königsberg verheerten, und gegründet in der christ-lich frommen Gesinnung, welche jene Männer beherrschte.

Einmal überraschte Heinrich Albert die Freunde, indem er in die Kürbisse an der Laube in seinem Garten Reime eingekritzelt hatte, welche die Hinfälligkeit des menschlichen Lebens mit der Vergänglichkeit der Kürbisse verglichen. Auf den Wunsch Roberthins componierte dann Albert diese Reime, zwölf an der Zahl, dem damaligen Bestand der Gesellschaft entsprechend.

So lautete eine dieser Strophen:

„Der Herbst verlangt nach mir,
Mich zu verderben;
Dem Tod, o Mensch, nach Dir:
Auch du mußt sterben!"

Und eine andere:

> „Ich und meine Blätter wissen,
> Daß wir dann erst fallen müssen,
> Wenn der rauhe Herbst nun kömmt.
> Aber du, Mensch, weißt ja nicht,
> Ob's nicht heute noch geschieht,
> Daß dir Gott das Leben nimmt."

Der Volksmund charakterisierte den Geist der Gesellschaft sehr treffend, indem er sie als „die Gesellschaft der Sterblichkeits-Beflissenen" bezeichnete.

Immerhin stifteten die Dichtungen der Königsberger in jener traurigen Zeit großen Segen. Die Roheit und Unsittlichkeit, welche der schreckliche dreißigjährige Krieg im Gefolge hatte, führten ja zu immer größerer Verwilderung — selbst auf den Gebieten der Sprache und namentlich der Poesie. Die höheren Stände sonderten sich mehr als je zuvor vom Volke ab, und insbesondere begünstigte der Adel das Verderbnis der Sitte und Sprache dadurch, daß er mit ausländischer Bildung zu prunken suchte. Aber auch die Männer der Wissenschaft entfremdeten sich dem Volke immer mehr, und da ihre gelehrten Reimereien von demselben nicht verstanden wurden, so griffen diese Poetaster schließlich zu fremdländischen Mustern, so daß von ihren eigenen Gedichten fast nichts als die Worte Deutschland angehörten.

Gegen alle diese und viele ähnliche Mißstände nun kämpften die Königsberger wacker an. Lehre, Erbauung und Sittenbesserung galten ihnen als Hauptzwecke der Dichtkunst. Sollten aber jene löblichen Ansichten erreicht werden, so mußte dieselbe notwendig wieder volkstümlich werden, und eben darauf richtete sich denn auch in erster Linie ihr Bestreben.

Es ist hier nicht der Ort, des Näheren nachzuweisen, inwieweit namentlich Simon Dach bei der Tiefe seines Gemüts und dem Reichtum seines Wissens in seinen Dichtungen, ausgezeichnet durch volksmäßige Form, durch lebendige Natürlichkeit, Wahrheit und Einfachheit der Empfindung jenem Ziele nahe kam; wir werden aber mit Sicherheit annehmen können, daß er, wie auf alle, die ihm näher oder ferner standen, so auch auf unsern Neumark den weitreichendsten Einfluß ausübte.

Auch was die äußere Lage Neumarks anbetraf, so dürfte dieselbe eine ganz angenehme gewesen sein, bis ihn — es war im Jahre 1646 — ein allerdings recht schwerer Unglücksfall traf, indem ihn eine Feuersbrunst seiner ganzen Habe beraubte.

Hören wir, wie gottergeben er aber trotzdem in einem Gedichte, das er zugleich in Musik gesetzt, von diesem Unfall singt.

Trostlied,
Als Ich im 1646sten Jahre durch eine grausame Feuersbrunst, biß auf den letzten Heller üm das Meinige kam.

Nach dem Spruche:
Gott ist getreu, der euch nicht leßt versuchen.

Warüm sol Ich mein Hertz mit Grämen täglich fressen,
Und daß Ich menschlich sey, so liederlich vergessen,
　Obschon die Feuersbrunst das Meine weggeraubt,
　Was Gottes Gunst und Glük mir reichlich hatt' erlaubt.

Es war ja nichts als Gut, welchs nie beständig bleibet,
Welchs oftmals unversehns, wie heu un̄ spreu, zerstreubet,
　GOtt theilte mir es mit aus seiner Gnadenhand,
　Der hat es wiederüm auch von Mir abgewandt.

Ich bin ein Mensch, warüm sol ich dem Glükke fluchen?
Ist doch mein GOtt getreu, der mich nicht leßt versuchen,
　Daß Ich was tragen sol in dieser Sündenwelt,
　Was über meine Macht, und mir unmöglich fällt.

GOtt leget uns die Last zwar auf den matten Rükken,
Daß wir gantz Athemloß darunter fast erstikken,
　Doch trägt Er selber mit, und schenkt uns seine Huld,
　Wenn Er nur an uns merkt die hertzliche Geduld.

Er wil mich bißmal auch ins nützlich' Unglük führen,
Daß er mein kindlichs Hertz mög als ein Vater spühren,
　Wie es geberden wil in solchem harten Stand',
　Obs auch zufrieden sey mit seiner Züchtgungshand.

Darüm ist auch mein Glaub' als Mauerfest gegründet,
Dz, wie nach großem sturm' ein Sonnenschein sich findet,
　Mir wieder scheinen werd' auf dieses Traurigsein,
　Ein Glük, das zwiefach ist, und Gottesgnadenschein.

So trug Neumark denn auch dies Mißgeschick mit männlicher Fassung. Wir hören, daß er noch längere Zeit in Königsberg verweilte, denn nur erst, als dort im Jahre 1649 die Pest mit großer Heftigkeit auftrat und wie überhaupt in den höheren Ständen, so insbesondere auch in den Kreisen der Universitätslehrer und Studierenden sehr viele Opfer forderte, verließ er die unglückliche Stadt[18]) und begab sich zunächst nach Thorn.[19])

Hier nun verlebte er im Verein mit edlen Freunden sehr glückliche Tage, so daß er es immer lieber gewann und späterhin oft seine zweite Vaterstadt nannte.[20])

Hier war es auch, wo er als Frucht seiner Königsberger Studien der deutschen Redekunst die bekannten „Poetischen Tafeln" oder „Gründliche Unterrichtung zur Vers= und Redekunst" heraus= gab, wobei er, seiner eigenen Aussage zufolge, „den Kern aus J. P. Titzens Kunst, hochdeutsche Verse zu machen", gezogen.

Eine zweite Auflage des Werkchens erschien, nebenher bemerkt, im Jahre 1667 in Jena.

Noch aber sandte er gleichfalls von Thorn aus und zwar am 15. Juli des Jahres 1650 ein Gedicht auf den Namenstag seines Oheims Günther Heinrich Plattner nach Weimar, wo der Genannte, wie wir bereits sahen, als fürstlicher Hofrat lebte. Wir erwähnen dies aus= brücklich, weil in dem Carmen auch des „großen Wilhelm," des Landesfürsten von Weimar, gedacht war, der später Neumark in seinen Dienst berief.

Nach einem überaus wehmütigen Abschiede von Thorn begab sich Neumark, noch immer berufslos, nach Danzig und befreundete sich mit mehrern Verehrern des Dichters Opitz, der zuletzt dort gelebt hatte. Allen voran war es der bereits erwähnte Johann Peter Titz (Titius). Professor der Poesie in Danzig und auf dem Gebiete der geistlichen Lyrik rühmlich bekannt, zu welchem sich Neumark hingezogen fühlte. Als Dritter in ihrem Freundschaftsbunde ist aber Jeremias Gerluch,[91] bei bekannte Opitzianer, zu nennen, dessen Dichtungen nach H. Kurz „nicht ohne allen Wert der Erfindung und nicht ohne Schwung" sind.

Hier, „aus seinem Museo Gedanensi" schrieb Neumark am 3. Mai 1651 die Widmung zu der „Verhochdeutschten Kleopatra," fünf vornehmen Herren in Danzig zugeeignet, nachdem er bereits am 27. März desselben Jahres ebenda „die traurige Liebesbegebenheit zwischen Masanissen und Sofonisben," dem Herrn Abraham von Gehema Jacobssohn auf Groß= und Klein=Lesen gewidmet, in Druck gegeben hatte.

Er unterzeichnet sich in diesem Schriftchen als „der Rechten Be= flissener"; wir erfahren jedoch nicht, daß er sich irgendwo oder irgend= wann einer Prüfung in der Rechtswissenschaft unterzogen gehabt. Immer stärker aber sehnte er sich jetzt, nachdem seit dem westfälischen Friedens= schlusse wieder Ruhe im Lande war, in die Heimat zurückzukehren, und begab sich zu dem Ende zunächst nach Hamburg, woselbst er nun längere Zeit in tiefer Armut lebte. Ein Amt hatte er nicht, und Unter= stützungen aus der Heimat mochte er wohl nicht erbitten wollen, oder aber bei den noch immer sehr schwierigen Verkehrsverhältnissen nicht erhalten können.

Es ist nicht unwahrscheinlich, daß er eben dort, um die Verzweiflung zu bannen, der er sich preisgegeben sah, eine längere Reihe geistlicher Lieder dichtete, von denen wir eins schon hier, einige andere aber weiter unten wortgetreu wiedergeben. Alle sind rührende Ergüsse eines geprüften Frommen.

I.

Bußlied,
Eines mit Unglück beladenen Menschen.

I.

Halt inn, O großer Gott, zu straffen,
    Wenn sich dein Zornenfeur entzündt,
Wenn Huld und Gunst bey Dir entschlaffen,
    So straf doch nicht dein Sündenkind
Ach schone meiner, liebster Gott,
Und mache mich nicht gar zu Spott.

II.

Schau wie Ich bin mit Angst beladen,
    Wie ich mein böses Thun bereu,
Ach GOTT erbarme dich aus Gnaden,
    Und denk an deine Vatertreu'.
Es kann, wenn du nach Recht wilst gehn,
Kein Mensche nicht vor Dir bestehn.

III.

Ich lege mich zu deinen Füssen,
    Ach HERR verstosse mich doch nicht,
Laß Mich der Vatergunst geniessen,
    Und geh mit mir nicht ins Gericht.
Ach nim mich auf und sieh nicht an,
Daß ich so wider Dich gethan.

IV.

Errette mich aus diesen Nöhten,
    Reiß mich aus dieser Unglückssee,
Die mich gedenket fast zu tödten,
    Daß ich darinn nicht untergeh,
Imfall du nicht wirst bey mir stehn,
So ist es bald mit mir geschehn.

V.

Ich muß es zwar, mein Gott, bekennen,
    Daß meine Sünd' und Missethat
Die rechte Quelle sei zu nennen,
    Deß, was Mich nun befallen hat,

Und daß mein' eigne Schnödigkeit
Mich hat gestürzt in dieses Leid.

VI.

Drüm will ich gerne stille halten,
Und leiden alles mit Gebuld,
Laß aber über mich auch walten,
Mein liebster Vater, deine Huld,
Und mach es endlich auch also,
Daß Ich auch wieder werde froh.

Schließlich jedoch scheint in seiner großen Not ein Herr Alexander Erskein, Geheimrat, Kriegspräsident und Pommerischer Staatspräsident zur Einrichtung der Regierung von Bremen und Verden das Werkzeug der Rettung geworden zu sein. Der Sage nach, auf die wir weiter unten näher einzugehen haben, sei es indes ein schwedischer Gesandter oder Resident, Namens von Rosenkranz gewesen, der sich des Ärmsten hülfreich angenommen; doch steht dem entgegen, daß Neumark eben jenem Herrn Erskein bereits unter dem 14. December 1651 sicher aus Dankbarkeit sein „Poetisches musikalisches Lustwäldchen" (Hamburg, 1652) widmete. In der betreffenden Zuschrift ermähnt der Dichter u. a. auch, daß Herr Erskein „seiner liebsten Eltern Behausung durch seine Anwesenheit beseligt habe". Grund genug, wie wir meinen, daß beide Männer durch diesen Umstand veranlaßt, einander in Hamburg in der oben bezeichneten Weise näher traten.

Überdies aber erwies Neumark der Gemahlin des Herrn Erskein, einer gebornen von Wartensleben, zu nämlicher Zeit auch die Aufmerksamkeit, sie in einem Liede, mit „Vorklang" und „Singstimme" versehen, bei der Geburt ihres dritten Kindchens zu beglückwünschen.

Indeß bereits im folgenden Jahre — 1652 — verließ Neumark, nachdem er erst noch einen Ausflug nach Wedel an der Elbe zu Johann Rist,[22] dem bekannten Dichter gemacht, die alte Hansestadt wieder. Er begab sich, obwohl ihm Herzog Friedrich III. von Schleswig-Holstein durch Adam Olearius[23] der ihn Jenem in Gottorp vorgestellt höchst ehrenvolle Anträge gemacht hatte, in herzogliche Dienste zu treten, nach Weimar zu seinem einflußreichen Oheim, dessen wir oben bereits gedachten, und erhielt dort von Herzog Wilhelm II.[24] eine Anstellung als Fürstlich Sächsischer Bibliothekarius und Registrator.

Wie er nun, aller Not und Sorge überhoben, eben in Weimar bis an sein Lebensende wirkte und waltete, davon soll im folgenden Kapitel des Näheren die Rede sein.

IV.

Neumark in Weimar.

Ein junger Mann von einunddreißig Jahren bot Neumark in seinem Äußern, um auch dies den Lesern kurz zu schildern, einen gar stattlichen Anblick dar.

Unser Bildchen,[25]) aus dem Jahre 1651 herrührend, weist scharf markierte Gesichtszüge auf, und Stutz= und Knebelbart, damals in den höhern Ständen sehr beliebt, erhöhen noch das Derbe und Kräftige ja fast Martialische. des Gesichtsausdrucks. Das dunkle Haar wallt in langen Ringeln auf die Schultern und den Nacken hinab und den Hals umgiebt ein gestickter Kragen von weißem Linnen, der vorn durch eine mit Quasten versehene Schnur zusammengehalten wird.

Zu Amt und Brot gelangt, säumte nun auch Neumark nicht lange, einen eigenen Hausstand zu gründen und zu dem Ende sich zu verehelichen.[26]) Seine Wahl einer Lebensgefährtin fiel auf die ehr= und tugendsame Jungfrau Anna Margaretha Werner, Tochter des vornehmen Bürgers und Handelsmanns Herrn Justus Werner in Weimar, und wahrscheinlich im Januar des Jahres 1655 fand die Hochzeit statt. Wir besitzen eine Sammlung der teils in lateinischer, teils in deutscher Sprache verfaßten Hochzeitsgedichte, mit welchen das junge Paar von nah und fern erfreut wurde, und erhalten durch dies Schriftchen zugleich auch erwünschte Gelegenheit, viele angesehene Verwandte, insbesondere der Wernerschen Familie kennen zu lernen, zu denen u. a. auch der damalige Generalsuperintendent von Weimar Nicolaus Zapf zählte.

Eins jener Hochzeitsgedichte, nach vielen Seiten hin interessant, und von Herrn Johann Wilhelm von Stubenberg unterm 28. December 1654 übermittelt, möge hier eine Stelle finden.

„Ihr habt mein lieber Freund, bishero viel geschrieben.
Von Kunst und Tugendlehr, von honigsüßem Lieben
    Und schönen Sachen mehr, das mancher klugen Hand
    Im gantzen Teutschen Reich ist hier und dar bekannt.
Nunmehro schreitet Ihr in einen neuen Orden
Und seyd, wie ich vernehm', ein Perlenkrämer*) worden,
    Wie Ihr denn Eine nun mit Gott erhandelt habt,
    Die Euch ist auserwehlt, die Euer Hertze labt,
Die Euch so lieb und werth, als jener Egyptinnen
(Die Ihr beschrieben selbst) der stolzen Königinnen
    Kleopatra ihr Paar. Wolan! sucht Euer Glück
    Bei diesem Perlenkauff, setzt aber nicht zurück

---

*) Anspielung auf den Namen der Braut „Margaretha", welcher „Perle" bedeutet.

> Die äble Dichterey, die schöne Kunst zu schreiben,
> Damit uns künftig auch zu sehn mag übrig bleiben
> Was unsern Sinn ergetzt: Liebt Eure Perl nicht mehr
> Als den erworbnen Ruhm und Eures Namens Ehr.
> Indessen wünscht mein Hertz: GOTT wolle gnädig geben,
> Daß ihr mit Eurer Perl mögt glücklich lange leben,
> Daß sie gesund verbleib, und mit dem Tugendschein
> Euch, wie ich treulich wünsch', mög eine Zierde sein!"

Ließ nach diesem allen die äußere Lage des Dichters kaum zu wünschen übrig, so fand Neumarks nicht weg zu leugnender Ehrgeiz darin noch keine Befriedigung.

Er wollte sich durch seine poetische Begabung eine immer höhere Stellung in der Gesellschaft erringen. Zu dem Ende hatte er schon beim Antritte seines Dienstes dem Landesfürsten mit einem Preisgedichte: „Die lobtönende Ehrensäule" aufgewartet, dessen Stil, den ehr= süchtigen Gebieter zu gewinnen, wohl berechnet war.

„Leider aber war", wie Barthold in der Geschichte der Frucht= bringenden Gesellschaft (Berlin 1848) hierzu bemerkt, „die einfache, edlere Gemessenheit, mit welcher ein Opitz und dessen bessere Zeit= genossen huldigend den Fürsten naheten, die sinnvollen, kunst= und ge= bankenreichen Wendungen, in denen ein Schottel biederherzig seine hohen Gönner anging, in prunkvoller Gegenwart außer Mode gekommen. Auch die schmeichelnden lieblichen Worte der Schäferwelt hatten durch den närrischen faselnden Mißbrauch der Blumenhirten (Mitglieder der in Nürnberg gestifteten Sprachgesellschaft des gekrönten Hirten= und Blumen= ordens) Klang und Reiz verloren; selbst die theatralisch, hohle aufgeblähete Pomphaftigkeit der Friedensschauspiele verachtete ein witziger Kopf jetzt als veraltet."

Georg Neumark nun, dem vor allem baran lag, Mitglied der Fruchtbringenden Gesellschaft zu werden, an deren Spitze damals Herzog Wilhelm unter dem Namen „der Schmackhafte" stand, erfand, um diesem hohen Herrn beizukommen, einen neuen Stil in der Poeterei: „einen architektonisch=lapidarischen", wie Barthold ihn nennen zu sollen meint. Er erbaute Triumphbogen und ägyptische Pyramiden in Reimen und wartete dem Gesellschaftsoberhaupte mit jener „lobschallen= den Ehrensäule" auf, hoch und mit klassischer Gelehrsamkeit zugestutzt, deren schwere Zurüstung mit einem Kommentar gestützt werden mußte.

Am Fuße dieses Prachtwerkes hieß es dann:

> „Setz es als ein wahres Zeichen meiner Unterthänigkeit
> In des Orbens sichern Erzschrein, daß es endlich mit der Zeit
> Auch sei eine Palmenfrucht, daß man könnte künftig lesen,
> Wie mein groß Verlangen, Dir aufzuwarten, sei gewesen."

Der „Schmackhafte", dem wir übrigens, wie bekannt, das schöne Kirchenlied: „Herr Jesu Christ, dich zu uns wend'" 2c. verdanken, verhielt sich indes anfangs dem Wunsche des Dichters gegenüber ziemlich spröde; dennoch aber wurde er noch im Jahre 1653 in jene Gesellschaft aufgenommen — auf Grund seines weit verbreiteten Dichterrufes.

Fortan führte er als Palmgenosse den Gesellschaftsnamen „der Sprossende", erwählte sich als Sinnbild[27]) die „braune gefüllte Nelke" und dazu den Kennspruch: „Nützlich und ergetzlich". Der Zahl nach war er in der Reihe der Mitglieder der 605.

Ein kurzer Blick auf das Wesen und die Geschichte des Palmenordens dürfte hier nicht von der Hand zu weisen sein.

Bei dem allgemeinen Sinken des Nationalitätsbewußtseins, der Dichtung und der Sprache während und nach der Zeit des dreißigjährigen Krieges wurden im siebzehnten Jahrhundert in Deutschland nach dem Muster italienischer Akademien verschiedene gelehrte Gesellschaften gestiftet, welche sich die Reinhaltung und Ausbildung der Sprache, Hebung und fleißige Übung der Dichtkunst zum Zwecke setzten.

Die früheste und bedeutendste derselben war die fruchtbringende Gesellschaft oder der Palmenorden, gestiftet am 24. August des Jahres 1617 zu Weimar durch zwei Fürsten von Anhalt, drei Herzöge von Weimar und einige Edelleute, von welchen der weimarische Hofmarschall Caspar von Teutleben der hauptsächlichste Anreger und elf Jahre lang, bis zu seinem Tode, Vorsitzender der Gesellschaft war.

Es sollten nur Männer der höheren Stände oder angesehene Gelehrte und Dichter aufgenommen werden.

Der Mittelpunkt der Gesellschaft befand sich während der Zeit ihrer größten Wirksamkeit (1628 bis 1650) unter dem Vorsitze des Fürsten Ludwig von Anhalt, des „Nährenden", in dessen Residenz Cöthen; von da an aber bis zum Jahre 1667 in Weimar unter dem Vorsitze des mehrerwähnten Herzogs Wilhelm, und endlich während des zunehmenden Hinsterbens des Ordens in Halle, woselbst der Administrator des Erzstifts Magdeburg, August von Sachsen, als letzter Ordensvorsitzender lebte.

Die Zahl der Mitglieder hatte im Laufe der Zeit die Höhe von nahezu 800 erreicht, unter denen sich viele Fürsten und Adlige befanden, die indes fast gar nichts für die Bundeszwecke thaten. Dagegen machten sich ein Opitz, Gryphius, von Logau, Olearius, Zesen, Harsdörffer, Moscherosch u. a. m. vielfach verdient um den Orden, und wenn wir endlich hören, daß auch Kriegsleute, wie u. a. ein Oxenstierna, Wrangel, Baner, Octavianus Piccolomini dem Orden angehörten, so konnte dessen Glanz durch die Berühmtheit jener Namen nur gewinnen.

Der Hauptzweck der Gesellschaft war: „Die hochgeehrte deutsche Muttersprache in ihrem gründlichen Wesen und rechten Verstande ohne Einmischung fremder und ausländischer Flickwörter im Reden, Schreiben, Gedichten, aufs allerzier= und deutlichste zu erhalten und auszuüben,“ ein Bestreben, das ja allerdings inmitten abscheulicher Sprachmengerei hoch anzuerkennen war. Eine Einwirkung des Ordens auf die Dichtung trat jedoch kaum zu Tage. Viele wirklich bedeutsame Dichter nahm er erst spät, manche gar nicht auf, und klingt es auch hart, so muß doch gesagt werden, daß Geschmacklosigkeit, Formspielerei, gegenseitige Über= schätzung und Lobhudelei, Glückseligkeit in geschäftigem Müßiggang, ein behagliches Versumpfen in der Oberflächlichkeit, Liebedienerei gegen Adel und Höfe, endlich Vielschreiberei und Gelegenheitsdichterei je länger je mehr als Schattenseiten der Gesellschaft sich herausbildeten.

Das Wappen des Ordens war ein Palmbaum mit der Devise: „Alles zum Nutzen.“ Jedes Mitglied aber hatte zum Symbol eine Pflanze oder ein Pflanzenprodukt und überdies einen Kenn= oder Merk= spruch. Ängstlich verlangte der Ordensgroßmeister bei der Aufnahme neuer, „unebenbürtiger“ Mitglieder statt der Ahnenprobe Bericht über ehrliches Herkommen, guten Wandel und Leumund, und war doch so wenig wählerisch bei Hochgebornen, daß der oben erwähnte Verfasser des Hochzeitsgedichts für Neumark, Herr von Stubenberg, über die Aufnahme vieler Un= würdigen klagte und Neumark berichtete, „es gebe unter ihnen so karg= filzige Druckpfennige und darbende Einkömmlinge, welche, der Annahme gewürdigt, sich nicht einmal das Ordenskleid anschaffen und nicht, zu ihrer eigenen Ehre, ihr Wappen in die Rolle eintragen ließen.“

Drei Jahre nach dem Eintritte Neumarks in den Palmenorden wurde dem überaus eifrigen Mitgliede die Stelle des Erzschrein= halters oder Sekretärs und Archivars der Gesellschaft übertragen, und fortan alle Zeit und Kraft diesem Amte widmend, erwies er sich je länger je mehr als der geeignetste Mann, das übernommene Werk fortzusetzen.

Ein Ernst Christoph Homburg „(der Keusche“), bekannt als Dichter des Kirchenliedes: „Ach, wundergroßer Siegesheld 2c.,“ meinte be= ziehentlich, die fruchtbringende Gesellschaft habe schier verderben wollen wenn nicht Hilfe und Rat von Neumark her „sprosse,“ und fährt dann fort:

> „Es hatte fast den Schein, als wollte gar verderben
> Der edle Palmenbaum, wie auch zu Grund ersterben
> Sein dickbelaubtes Haar: Da kam zu rechter Zeit
> Der edle Sprossende, verwehrte dieses Leid.
> Durch seinen rechten Rat hub wieder an zu schaffen
> Besagter Palmenbaum, warf von sich neue Sprossen.
> So, so, mein Freund, von dir her sprießet Hilf und Rat
> Und führest recht und wohl den Namen mit der That.“

Allerdings steht freilich fest, daß Herzog Wilhelm selbst beim besten Willen nicht vermocht hätte, den Orden in seinem Ansehen zu erhalten, wäre es nicht geglückt, in Neumark deu gewandtesten und eifrigsten Erzschreinhalter zu gewinnen.

Als solchem wurden Neumark das große silberne Gesellschaftssiegel, das Wappenbuch und die dazu gehörigen Register der gesamten Palm= genossen anvertraut; worin aber im übrigen die Funktionen des Erz= schreinhalters bestanden, erfahren wir aus einem Berichte, den Neumark selbst gelegentlich der Aufnahme des Kurfürsten Johann Georg II., Herzogs zu Sachsen, in den Orden unterm 18. August 1654 erstattet hat. Sie waren sehr äußerliche, und wir merken nur an, daß der Erzschrein= halter für den Neuaufzunehmenden den Namen als Bundesmitglied, das Sinnbild und den Kennspruch auszuwählen und am Schlusse der Auf= nahmefeier „sogleich eine mit Gold und Silber ins Grau getuschte Er= findung" von sinnreicher Komposition mit „deutschen ruhm= und lob= schallenden Reimzeilen" bei der Hand hatte, für deren Überreichung er — gewiß nicht leer ausging. „Die Sporteln hierfür," bemerkt Barthold a. a. D. „mögen nicht unbeträchtlich gewesen sein; doch hatte der Erzschrein= halter auch seine Not mit Auffindung von ‚Namen' und ‚Kräutern', und mußte sich, so gut es gehen wollte, zu helfen wissen."

Als Erzschreinhalter des Palmenordens war Neumark aber auch zugleich der Hofpoet, und diesen Beruf verherrlichte er u. a. in be= merkenswerter Weise am 14. April des Jahres 1662, zur Feier des Geburtstage seines Gebieters, durch ein „Politisches Gespräch= spiel" oder „Theatralische Vorstellung eines weisen und zu= gleich tapferen Regenten" in der Person des Herzogs Wilhelm, ganz in jenem architektonisch=poetischen Stile, der, wie schon oben er= wähnt, von ihm erfunden war und länger als ein Jahrhundert hindurch bei ähnlichen Gelegenheiten auch seitens anderer Dichter Verwendung fand.

Schon am 17. Mai des Jahres 1662 starb indes der also Gefeierte und Neumark „türmte nun", wie unser Gewährsmann sich ausdrückt, eine „egyptische Grabsäule" auf, geschmückt mit allen sechzehn Ahnen= bildern und voll elegischer Klagen über den Tod des weitberühmten Prinzen", das Haupt= und prachtreiche Kronengewächs."

Mit Einstimmigkeit erwählten hierauf die ältesten Gesellschafts= mit=lieder den Herzog August von Sachsen zum Ordensoberhaupte, und dieser entsprach denn auch dem „sonderbaren Vertrauen der hoch= löblichen Gesellschaft". Erzschein, Gesellschaftssiegel, Wappenbuch und Register wurden sodann nach Halle a. S. geschafft, woselbst der Er=

wählte in der „Neuen Residenz" sein Hoflager hielt; unser Neumark jedoch blieb in Weimar zurück.

Wie hier, so wäre er aber doch sicher auch in dem Domicile des neuen Ordensoberhauptes an der richtigen Stelle gewesen. Vielleicht bewarb er sich auch aufs neue um das lohnende Amt, indem er unmittelbar nach der Wahl dem Herzog August (dem „Wohlgeratenen") in der schon oben gekennzeichneten Weise einen Ehrentempel aufbaute und das Bildnis dieses Fürsten, welches Areta trug, auf Mars Geheiß an der dritten Hauptsäule aufhängen ließ.

Allein — er erhielt keinen Ruf in das Erzstift, wurde jedoch nun zum Herzoglichen Archiv=Sekretär befördert und zum Kaiserlichen Hof= und Pfalzgrafen ernannt. In letzterer Eigenschaft — als Comes palatinus — war er zur Ausübung verschiedener auf Kaiserliche Vorrechte begründeter Notariatsfunktionen berechtigt.

Noch sei erwähnt, daß auch der Orden der Pegnitzschäfer ihn zu seinem Ehrenmitgliede unter dem Namen Thyrsis II. ernannte.[28]

Glücklich in seinem Familienkreise — nur einmal, so viel wir wissen, raubte ihm der Tod ein Töchterchen Maria Sophia,[29] und zwar in dem zarten Alter von 2 Jahren — und bei Hoch und Niedrig in Achtung und Ansehen stehend, verbrachte Neumark die letzten Jahre seines Lebens ungestört in Weimar.[30]

Eins nur betrübte ihn je länger je mehr: die Abnahme seines Augenlichts, die ihn schließlich „zu allen gehorsamsten und schuldigsten Diensten und Amtsverrichtungen immer untüchtiger machte".

Nahezu dreißig Jahre hatte er dem weimarischen Fürstenhause gedient, und als er nun unfähig dazu geworden war, erklärten die drei Fürsten Johann Ernst, Johann Georg und Johann Wilhelm gnädigst, „ihm nicht allein die völlige Besoldung, sondern auch den Amtstitel, daranhängende Freiheiten und Würde bis an sein Lebensende zu belassen."

Dafür dankte er denn auch alsbald in einem nicht weniger als drei und vierzig Strophen zählenden Gedichte, betitelt: „Thränen= des Haus=Kreutz" oder, gestalten Sachen nach, Klag=, Lob= und Dankopfer, welches zuvörderst, dem lieben barmherzigen Gott zu Ehren und dann Denen Durchläuchtigsten Fürsten und Herren (folgen obige Namen der Herzöge zu Sachsen) vor sonderbahre erwiesene Gnad und Huld schuldigster maßen abgeleget. Dero allerseits Durchläuchtigkeiten betrübter alter getreuer Diener Georg Neumark. Fürstl. Sächs. gesamter, geheimer Secretarius, der Sprossende. Weimar drukkts Johann Andreas Müller. F. S. Hofbuchdrukker. (4°. 12 Blätter.) Neumark hatte dies Lied „bei seiner langwierigen Zeit und verdrießlichen Einsamkeit geringfügig ausgesonnen und seinen Kindern von Strophe zu Strophe nach und nach in die Feder dictieret.“

So hören wir in Strophe 27 ihn berichten:

Sie ließen mir gnädigst sagen,
Ich sollte nur versichert stehn,
Mir sollte nichts bei Lebenstagen
Von der Besoldung abegehn;
Dieselbe wollten sie nicht minbern,
Noch mich an meinen Ehren hindern,
Ich sollte Titel, Ehr und Rang
Behalten auf mein Lebelang.

Über sein Erblinden klagt er in Strophe 7 und 8:

Ich bin ja leiblich sehr verletzet,
Mein froher Muth und muntrer Sinn,
Der sich vordem so oft ergetzet,
Ist nun, ach leiber! ganz dahin.
Indem die sehr benebelt’ Augen
Zu meinem Amte nicht mehr taugen;
Es kommt mir alles tunkel vor,
Als müßt ich sehn durch einen Flor.

Mein Herz im Leib oft schmerzlich weinet,
Wenn ich bedenke mein Gesicht,
Daß es nicht mehr wie vormals scheinet,
Und daß ihm halb das Licht gebricht.
Es jammert mich, wenn ich muß sehen
Die schönen Bücher vor mir stehen
Und kann nicht lesen, wie ich pflag
Vordem so manchen Feiertag.

Im Hinblick auf Weib und Kind und deren Zukunft nach seinem Tode sagt er in Strophe 11:

Es bringen mir die liebe Kinder,
So meistens unerzogen sein,
Wie auch mein liebes Weib nicht minder
In Herzen große Sorg und Pein,
Insonderheit, wenn ich erwäge
Und die Verpflegung überlege,
Und daß mein engverfasstes Gut
Hierzu, ach leiber! wenig thut.

Weitaus die wichtigste Strophe ist aber die 21.:

Denk nur zurück, in was vor Jammer
Du dort in Cymbrien gesteckt,
Da du mich oft in beiner Kammer
Mit Thränen hast zur Gnad erweckt,

Da Du kein Mittel kunntest finden,
Da keine Rettung zu ergründen:
Wer aber war Dein Trost und Hort
Und half dir wieder herrlich fort?

Die Antwort auf die Frage in vorstehenden Schlußzeilen giebt der Dichter selbst in einer nun folgenden Anmerkung, die den ganzen Bericht über die Reise von Gotha über Kiel nach Königsberg (f. o. S. 9 ff.) enthält und insbesondere darum von Wichtigkeit ist, weil sie, wie wir sahen, über die Entstehung des Liedes: „Wer nur den lieben Gott läßt walten ꝛc." erwünschten Aufschluß giebt.

Bezeichnend ist auch der Eingang jener Anmerkung: „Allhier kann ich zum Lobe Gottes und allen frommen christlichen jungen Fürsten und Studenten, welche in die Fremde reisen und etwas Rechtschaffenes in der Welt sehen und lernen wollen, aber nicht allezeit einen vollen Beutel mit Geld an der Hand haben, zu Trost ein sonderliches Exempel, zwar harter Heimsuchung, doch bald wieder drauf erfolgter Hülfe und Gnade Gottes zu erzählen nicht unterlassen, welchergestalt ich in Gotha durch Gottes Segen die Fundumente meines Studierens gelegt" (f. o. S. 8).

Es sollte dies Gedicht die letzte poetische Produktion sein, denn unerwartet schnell, schon acht Tage nach deren Niederschrift, am 8. Juli des Jahres 1681, ereilte den wackern Mann der Tod in dem Alter von sechzig Jahren, vier Monaten und zwei Tagen. Die Witwe und allem Vermuten nach zwei Söhne und eine Tochter [31]) trauerten am Sarge des heimgegangenen Gatten und Vaters.

Neumarks Schriften, weltliche und geistliche Dichtungen und Lieder.

„Ein Baum wird nicht gelobt, er muß denn Früchte bring,
Der faule träget nichts. Das Werk belobt den Mann.

Wolf von Drachenfels.
(An „Georg Neumark".)

I.

Neumarks Schriften und weltliche Dichtungen.

Georg Neumark hat zahlreiche Schriften hinterlassen.[32] Ein ziemlich vollständiges Verzeichnis derselben giebt er selbst in seinem „Neusprossenden Palmbaum", Nürnberg 1668, welcher die Geschichte des Ursprungs, Fortgangs, der Sitzungen der fruchtbringenden Gesellschaft enthält und trotz seiner kaum erträglichen Weitschweifigkeit immerhin als ein hochverdienstliches Werk bezeichnet werden muß.

In seinen Dichtungen, zumal den weltlichen, schließt sich Neumark eng an Opitz, den Vertreter der verstandesmäßig ausgearbeiteten Poesie an. Dort begegnen uns zunächst poetische Erzählungen aus dem Altertum, wie „Kleopatra", „Sofonisbe" u. a. m., die der Verfasser zum Teil Cats, dem Holländer, nachdichtete. Sie sind indes von geringem Werte und verdienen höchstens als Vorläufer der größeren historischen Romane späterer Dichter noch Beachtung. So sind auch die Erzählungen, zu welchen Neumark den Stoff aus der Bibel entnahm: „Der sieghafte David", sowie „Die verständige Abigail", obschon man bei seiner entschieden religiösen Richtung das Gegenteil erwarten sollte, doch matt, trocken und langweilig.

Nur die Schäferliedchen, welche, das Hirtenstück „Filamon"[33] ausgenommen, wohl Flemming am nächsten stehen, sind meist „ohne Schwulst, stellenweise zart und sanft, hie und da überraschend durch ein neues Bild, rein und von Sprachkenntnis zeugend".

Die politischen Gesprächspiele ferner, wie „Hochbetrübt verliebter Held Byrtillus" u. a. m. erheben sich nicht über die allergewöhnlichste Mittelmäßigkeit und erreichen bei weitem nicht ihre italienischen Vorbilder. Das Gleiche gilt auch von den „Lehrsprüchen der sieben Weisen Griechenlands."

Mit zunehmendem Alter und durch seinen Beruf als Hofpoet in Weimar bedingt, wurde Neumark ein Vielschreiber. Schon Opitz, der die Dichtkunst „eine verlorene Theologie und Unterricht von göttlichen Dingen" nannte, beklagte sich über die ungestümen Zumutungen der Leute, welche den Dichter ohne die Regung des Geistes zu ihrer Dienst-

barkeit antreiben wollen," und so erscheinen denn auch Neumarks zahlreiche Gelegenheitsgedichte mehr oder minder gekünstelt, als hohler
Wortkram und aller Wärme und Wahrheit der Empfindung ermangelnd.
Er dichtete hier mit berechnendem, kaltem Verstande, und je mehr er
sich schließlich noch gar die Gunst der Pegnitzschäfer zu erringen
suchte, desto mehr verfiel er dabei in hochtönenden Schwulst, oder —
wenngleich die Sprache rein und die Darstellung leicht und fließend ist —
in eine trockene, matte, fade, prosaische Breittreterei der Gedanken.
Gewöhnlich fühlt er auch selbst, daß seine Seele verschlossen bleibt, und
dann sucht er den Mangel an poetischer Entfaltung entweder durch An-
häufung von Beispielen aus der Geschichte zu ersetzen, oder aber dadurch,
daß er seine Zuflucht zu Reimspielen nach Art der alten Nürnberger
nimmt.

Hier eine Probe:

Kettenreime.[34])

Streue	beinen golbnen	Regen	auf bieß Paar und Sie er=	freue,
Schaue	Sie in vollem	Segen	und mit Nectar Sie be=	thaue,
Blicke	Deiner Gütig	keit	wollen Sie in gutem	Glücke
Sehen	lange Jahr und	Zeit	als ben grauen Nestor	stehen:
Fernen	soll sich alles	Trübe	von den äblen Fürsten	sternen,
Leiden,	Haß und Zwist der	Liebe	soll sich weit von Ihnen	scheiden:
Kerzen	der getreuen	Gunst	blinket stets in ihrem	Herzen,
Leget	täglich zu der	Brunst,	was da keusche Flammen	heget,
Sachsen	wolle durch die	Beide	als ein grüner Palmbaum	wachsen,
Dessen	Zweige voller	Freude	an der Mehrung uner=	messen,
Sprossen	grünen alle	Jahr	von dem Himmel wohlbe=	gossen:
Amen .	spricht all Hürten=	Schaar	in des Allerhöchsten	Nahmen.

Ungeachtet nun der Unbedeutenheit dieser und ähnlicher Leistungen
erwarb sich Neumark doch auch durch sie einen großen Ruf. Er erhielt
von allen Orten und Enden Ehrengedichte zugesandt, die ihn als den
„Orpheus unsrer Zeit" oder auch als „Thüringischen Phöbus"
feierten. So singt von ihm u. a. ein Friedrich von Kospoth, Mitglied
der fruchtbringenden Gesellschaft unter dem Namen „Der Helfende":

„Lebt Opitz je nicht mehr, der Retter beutscher Zungen,
Ist Flemming schon bahin, und wer sonst mehr geklungen
In unserm Mutterdeutsch? Der Lieber Preis und Zier
Ist unerstorben noch: Herr Neumark bricht herfür,
Und kahnt ben Helden nach, und wird das Lob erlangen
Der Jenen, benen ER an Zeiten nachgegangen,
An Künsten gleiche geht. Hör' doch, du Musensohn,
Der Tichter der hier singt, ist es nicht Jener Ton?"

Wir unsererseits unterlassen es, weitere Proben der weltlichen Poesie des Dichters beizubringen. Ihre Eigenart war ganz dazu angethan, daß sie im Laufe der Zeit der Vergessenheit anheimfielen.[85])

II.

Neumarks geistliche Dichtungen.

Wie ganz anders aber steht Neumark als Dichter geistlicher Lieder da!

Nur diese entsprangen aus der innersten Tiefe seines Gemüts, in welchem er nur Raum hatte für den Glauben an Gott und dessen Allmacht und unerschöpfliche Güte.

Gottvertrauen war der Grundzug seines Herzens. Sein Symbolum: „Ut fert divina voluntas" d. i. „Wie Gott will, so halt' ich still!" dem er sein Lebelang in Freud und Leid treu blieb, ist auch der Grundzug seiner religiösen dichterischen Tugendkunst.

Zumal aber, als „Thränen und Sorgen sein täglich Frühstück" waren, — also in den Jahren des Jünglings= und frühern Mannesalters, grünte und blühte der „Lustwald" seiner geistlichen Lyrik überaus frisch und duftig. Wenn er da in die Saiten seiner Leier griff, so erschlossen sich alle bildenden Kräfte seiner Seele, und es entströmten ihm die herrlichsten Gesänge, voll wahrer Begeisterung, Tiefe des Gefühls und Innigkeit der Empfindung: Gesänge, die uns um so mächtiger ergreifen, als sie sein auch in den schwersten Prüfungen unwandelbares, in Glück und Unglück gleich kräftiges Vertrauen auf Gott in den einfachsten, volksfaßlichsten Ausdrücken darstellen.

Und eben darum haben sie zu jeder Zeit in der Kirche allgemeinen Anklang gefunden und werden in ihr auch immer fortleben.

Diejenigen Schriften Neumarks aber, welche auf diesem Gebiete näher ins Auge gefaßt werden müssen, sind folgende:

1. G. Neumarks von Mühlhausen aus Thüringen „Fortgepflanzter Musikalisch=Poetischer Lustwald",[36]) in dessen
   erstem Theil sowohl zur Aufmunterung gottseliger Gedanken und zu Erbauung eines christlichen tugendsamen Lebens anführende, geist= und weltliche Gesänge, als auch zu keuscher Ehrenliebe dienende Schäferlieder mit ihren beigefügten Melodeyen und völliger Zustimmung enthalten sind; im
   anderm Theil sowohl geist= als weltliche weitläuftigere poetische Gedanken, Glückwünschungen, Lobschriften, Leichenreden, Trauer und Hochzeitverse begriffen; im

dritten Theil allerhand kurze Gedichte, Überschriften geist= und weltlich zu befinden.

Jena, Druck und Verlag von Georg Sengenwald, 1657.

Die erste Ausgabe dieses Werkes war bereits im Jahre 1652 in Hamburg unter dem Titel: „Poetisch=Musicalisch Lust=Wäldgen" erschienen.

2. Tägliche Andachtsopfer [37]) oder Handbuch, in dessen erstem Theil ein vollständiges .... Gebetbuch zu finden, im anderm Theil aber ein bequemes .... Gesangbuch.

Weimar, gedruckt von Schmidt, 1667.

3. Des Sprossenden unterschiedliche sowohl zu gottseliger Andacht, als auch zu christlichen Tugenden aufmunternde Lieder. [38])

Weimar 1675.

Die Originaldrucke liegen uns zu einem Teile vor, und so wollen wir denn einigen der beliebtesten und verbreitetsten Lieder, zuletzt aber dem schönsten von allen: „Wer nur den lieben Gott läßt walten ꝛc." näher treten.

Das Lied seines gereiften Alters, auf S. 166 des oben unter 2 genannten Gesangbuches abgedruckt:

„Ich lasse Gott in Allem walten, [39])
Er mach' es nur, wie's Ihm gefällt.
Ich will Ihm gerne stille halten,
So lang ich leb' in dieser Welt.
Wie Er, mein lieber Gott es fügt,
So bin ich auch sehr wohl vergnügt"

enthält viele Anklänge an das vorhergenannte Lied seiner Jugend. Aber auf Grund reicher Erfahrung, ja als Summa derselben konnte der Dichter hier am Schlusse es aussprechen:

„An Gott befehl' ich meine Wege,
Wo könnte ich wohl besser sein?
Bei seiner treuen Hut und Pflege
Trifft alle Hoffnung selig ein:
Er macht es wohl durch Rath und That
Viel mehr, als man gehoffet hat."

A. Kirchenlieder.

1. Trostlied.

An den Betrübten Efraim wegen vieler begangenen Sünde und Missethat.

1. Bist du, Efraim, betrübet,
Daß du Boßheit hast verübet,
Drückt dich deine Missethat,

Laß darüm nicht die Gedanken,
Von des Höchsten Gnade wanken,
Sondern folge diesem Raht.

2. Leg zur Seiten was dich plaget,
Hör' was dir der Höchste saget,
Und was sein Mund selber spricht:
Ich bin gnädig und sanftmühtig,
Baterhertzig und sehr gütig,
Ewig wehrt mein Zorn auch nicht.

3. Efraim du Hochbetrübter,
Bist du nicht mein Hertzgeliebter
Und mein allertrautster Sohn
Wie solt ich mich denn verbossen,
Und im Zorne dich verstossen?
O mein Sinn ist weit davon.

4. Hör' ich dich so kläglich sprechen,
Möchte mir das Hertze brechen,
Seh' ich deinen Thränenfluß,
Und die rechten Busseschmertzen,
Machst du, daß ich mich von Hertzen,
Über dich erbarmen muß.

5. Aber du must in dich gehen,
Und dein Sündenhertz besehen,
Wie bißher es seinen Spott
Hat mit meiner Gunst getrieben
Wie dein üppigs Lasterlieben
Mich betrübet, deinen Gott.

6. Deine mir verhaßte Sünden,
Die sich häuffig bey dir finden,
Haben dich und mich getrennt,
Deiner Boßheit schwehr Gewichte,
Macht, daß ich mein Angesichte,
Habe von dir abgewend.

7. Denk nicht etwan, daß mein' Ohren,
Ihre Hörenkraft verlohren,
Oder, daß mein' Hand verkürtzt,
Daß sie dir nicht helfen könne,
Denn mit deinem Lastersinne
Hast du selber dich gestürtzt.

8. Aber gib dich nur zufrieden,
Du bist nicht von mir geschieden,
Kehr nur wieder üm zu Mir,
So wil ich zu dir mich wenden,
Alle dein Betrübnüß enden,
Und dich lieben für und für.

9. Such mich nur, weil ich zu finden,
Klag mir deine schwehre Sünden,
Ruf mich, weil ich nah bin, an,
Weiche von dem Sünden Wege,
Trit vom breiten Lasterstege,
Und erkenn, was du gethan.

10. So wil ich mich dein erbarmen,
Und dich wiederüm ümarmen,
Als wer' es noch nie geschehn,
Ich wil allen deinen Schaden,
Aus Barmhertzigkeit und Gnaden,
Als ein Vater übersehn.

11. Wenn auch deine grosse Fehler,
Weren wie die Purpurmähler,
Und wie Rosinfarbes Blut,
Sollen sie doch weisser werden,
Als der frische Schnee auf Erden,
Oder wie das Wollengut.

12. Hügel, Berge, starke Wallen,
Sollen weichen und zerfallen,
Aber die Barmhertzigkeit,
Die ich dir, mein Kind, wil reichen,
Soll in Ewigkeit nicht weichen,
Sondern wären allezeit.

13. Schau wie dich der Höchste liebet,
Und was Er für Trost dir giebet,
Efraim denk ja daran,
Nim es dankbarlich zu Hertzen,
Wirf von dir die Hertzensschmerzen,
Und bereu, was du gethan.

Erläuterungen und Anmerkungen. 1. Seitdem Jerobeam vom Stamme Ephraim den Abfall Israels leitete, wird der Name Ephraim häufig für das Reich Israel gebraucht. Doch schlägt schon dem verirrten, noch mehr aber dem bekehrten Ephraim das Herz Gottes mit unbeschreiblicher Zärtlichkeit entgegen. Siehe u. A. Jerem. 31, 20. — Str. 3, Z. 4. verbossen = erbosen, d. i. erzürnen. In Str. 11 klingt deutlich die Stelle Jes. 1, 18 wieder.

2. Das Lied erschien zuerst in Neumarks Poetischem Lustgarten, Jena 1657, und fand u. a. bei Porst (1713), im Halberstädter Gesangbuche (1699), bei Schlechtiger (Berlin 1704), in Crügers Praxis piet. mel. (1712) und bei Marperger (Leipzig 1725) Aufnahme. Überall jedoch anonym. Joh. Caspar Schade, dem es eine Zeitlang zugeschrieben wurde, berichtigt 1694 im Luppinschen Gesangbuche diesen Irrtum. (Siehe Fischer: Kirchenlieder-Lexicon. Gotha 1878.)

3. Die Melodie ist: Alles ist an Gottes Segen 2c.

2. Loblied.
Des heiligen Abendmahls; und dessen Nutzbarkeiten.

Ermuntre dich, O frommer Christ,
Steh auf von deinen Sünden,
Leg' ab von dir, was erdisch ist,
Und laß dich heilig finden,
Du wirst in diesem Jammerthal
Zu einem großen Abendmahl
Von Gott selbst eingeladen.

Du aber must dich Sternenwerts
Mit den Gedanken schwingen,
Und ein zerknirschtes reuend Hertz
Zu dieser Mahlzeit bringen,
Es muß dein Geist sich Himmel-an
Von dieser eitlen Erdenbahn
Durch Liebesflammen heben.

Schau, was dir Gott vor Gnad erweist,
Und wie Er dich bedenket,
Indem Er seinen Leib dir speist,
Und Dich gnädig tränkt.
Mit einer Purpur-rohten Fluth,
So Er alleine dir zu gut,
Am Kreutze hat vergossen.

Sticht etwan dich der Sündendorn,
Und fühlest große Flammen,
Daß du vermeinest, Gottes-Zorn
Schlag' über dir zusammen,
Sey nur getrost, und trit hinzu,
Du findest da Gewissensruh
Bey dieser Himmelsspeise.

So bald dir dein Herr Jesus Christ
Sein Leib und Blut läst reichen,
So muß des Teufels arge List
Und alle Sünde weichen,
Gott kehret selber bey dir ein
Mit seinem theuren Gnadenschein',
Und sich mit dir verbrüdert.

Du wirst durch dieses Himmelbrodt
Zu Gott inauf gerükket,
In jeder schwehren Seelennoht
Mit großer Kraft erquikket,
Es dämpfet alle böse Lust,
Und reiniget vom Sündenwust,
Und mehret deinen Glauben.

Imfall du Diß genossen hast,
Und glaubest Christi Worten,
So bist du ein recht würdig Gast,
Die hohe Himmelspforten
Stehn dir eröffnet angelweit
Zu deiner Seelen Seligkeit,
Und bist ein Kind des Lebens.

Wenn es denn endlich Gott gefällt,
Daß du dem armen Leben
Und dieser bösen falschen Welt,
Must deinen Abschied geben,
So führet dich diß Abendmahl
Hinauf in Gottes Freudensaal,
Zu allen Auserwehlten.

Erläuterungen und Anmerkungen.

1. Das Lied fand bereits im Jahre 1677 Aufnahme im Nürnberger Gesangbuche. Die kirchliche Bedeutung des Liedes ist nicht zu verkennen.

2. Die Melodie (c a h c c d c h), vom Dichter selbst herrührend, hat vor andern eine auszeichnende Behandlung seitens des Komponisten gefunden (cf. Winterfeld a. a. O. T. II. S. 290).

3. Bittlied.

In welchem Er den Höchsten alle Morgen, nach dem Exempel König Salomons aus dem 3. Kapitel des ersten Buchs der Könige, nicht üm Geld oder Gut, Ehre oder langes Leben; sondern üm ein fromm- und keusches Hertz, Weisheit und Verstand, anruffet.

1. Es hat uns heißen treten,
   O GOtt dein lieber Sohn,
   Mit hertzlichen Gebeten,
   Vor beinen hohen Thron,
   Und uns mit theurem Amen,
   Erhörung zugesagt,
   Wenn man in seinem Nahmen,
   Nur bittet, fleht und klagt.

2. Darauf komm' ich gegangen,
   In dieser Morgenstund,
   Ach laß mich doch erlangen,
   Was ich aus Hertzengrund,
   An dich, mein Gott, begehre,
   Im Nahmen JEsu Christ.
   Und gnädig mir gewehre,
   Was Seelennützlich ist.

3. Nicht aber mir zu geben,
   Bitt' ich aus deiner Hand,
   Geld, Gut und langes Leben,
   Kein Ehr, und hohen Stand,
   Dann dieses ist nur nichtig,
   Und lauter Eitelkeit,
   Vergänglich, schwach und flüchtig,
   Und schwindet mit der Zeit.

4. Ich bitte, mir zu schenken,
   Ein fromm- und keusches Hertz,
   Das nimmermehr mag denken,
   Auf liederlichen Schertz.
   Das stets mit Liebe flammet
   Zu dir, GOtt, Himmel-an.
   Und alle Lust verdammet,
   Der lastervollen Bahn.

5. Hernach laß mich gewinnen,
   Nach deiner großen Kraft,
   Kunst, Weisheit, kluge Sinnen,
   Verstand und Wissenschaft,
   Daß all mein Thun und Handel,
   Dir mag gefällig sein,
   Laß vor der Welt mein Wandel,
   Sein ohne falschen Schein.

6. So wird von Jenen allen,
   Stand, Leben, Ehr' und Geld,
   Auf meine Seiten fallen,
   So dir es, GOtt gefällt,
   Man muß die Seel' erst schmükken,
   So wirst du allgemach,
   Den Leib auch schon beglükken,
   Glükk folgt der Tugend nach.

Erläuterungen und Anmerkungen.

1. Str. 4, Z. 4: „liederlich" = allzu leichthin nach Halt, Sinn und Thun.

2. Aus des Vfs. „Fortgepflanzter Musicalisch-poetischer Lustwald," Jena 1657. Neumark dichtete dies Lied (s. o. S. 8) bereits, als er noch Gymnasiast in Gotha war, also etwa um 1639, wozu auch Strophe 5 ganz gut stimmt. Nach Koch (Geschichte des Kirchenliedes, Th. 3, S. 418) begegnet es zuerst in Michael Dilherrn Geistl. Handbuche. Ins Deutsche übersetzt von Meyfart, Jena 1640. Nachmals fand es Aufnahme im Altmärkischen, Wittenberger und Suhler Gesangbuche, sowie im Henneberger Liederschatz. Auch fehlt es nicht in Crügers Praxis piet. mel. 1672. In Magdeburg ist es um 1717 bei Müller aufgenommen, fehlt aber wieder 1738; in Gotha finden wir es 1725, in Dresden 1731, in Leipzig 1738; im geistlichen Liederschatz (Berlin 1842), ferner in Knapp: „Ev. Liederschatz" 1850, und endlich im „Ev. protestantischen Gesangbuche" (Speier 1860.) A. Daniel (Ev. Kirchengesangbuch, Halle 1842) giebt nur

Str. 1 und 2, während er es in seinem Allgem. Schulgesangbuche (Halle, 1846) vollständig bringt. — Lange aber (Geistliches Liederbuch, Zürich 1854, S. 600) nennt es, unseres Erachtens mit Unrecht, ein „entbehrliches, mattes Gedicht."

3. Der Bibelgrund, auf dem es ruht ist in Str. 1: Joh. 16, 23. Str. 2: Pf. 20, 6. Str. 3: 1. Kön. 3, 11. 12. Str. 4: Pf. 51, 12. Str. 5: Weish. Salom. 9, 4 und 2. Chron. 1, 10. Str. 6: Matth. 6, 33 und 1. Tim. 4, 8.

4. Die Melodie ist: „Herzlich thut mich verlangen." N. giebt selbst eine Melodie, bemerkt aber: „Kan auch in der Mel. des 130. Pf. Lobwassers: „Zu dir aus Hertzensgrunde" gesungen werden.

4. Erinnerungslied.

In welchem ein frommer Christ sich menschliches Elends, und der Sterblich=keit erinnert, und ein groß Verlangen nach einem seeligen Abschiede hat.

1. Es lebt kein Mensch auf Erben,
Der nicht muß endlich werden
Des grimmen Todes Raub,
Wir müssen alle sterben,
Und endlich doch verderben,
Wie Graß und falbes Laub.

2. Drum kommt ihr lieben Tage,
Nehmt weg all meine Plage,
Brich an mein letztes Licht,
Führ' mich aus diesem Leiden,
Daß ich mag sehn in Freuden
Des Höchsten Angesicht.

3. Denn mein! was ist biß Leben?
Muß man nicht stündlich schweben
In Trübsal, Angst und Noht?
Furcht, Hoffnung, Müh und Sorgen
Sind richtig alle Morgen
Der Frommen Thränenbrodt.

4. Wenn ja einmal sich funden
Des Glückes Freudenstunden,
So ist die Noht auch dar,
Die Welt mit Wollustiren
Wil Seel' und Leib verführen,
Und bringt Sie in Gefahr.

5. Bald ist die Wollust fertig,
Der Teufel gegenwertig,
Steckt böse Flammen an,
Führt uns auf seine Wege,
Auf linke Lasterstege
Von GOttes rechter Bahn.

3. Es sind ja Geld und Güter
Nur Netze der Gemüther,
Und Ursach böser Lust,
Der Mensch wird nur betrogen,
Und dadurch leicht bewogen
Zu jedem Lasterwust.

7. Den reizen sie zum Sauffen,
Und den zum geilen Lauffen,
Den Dritten bringt sein Gut,
Sein hoher Stand und Ehre,
Zum Geitz' und loser Lehre,
Zum Pracht und Übermuth.

8. Kurtz, aller Menschen Leben
Ist der Gefahr ergeben,
Und bleibt ein stetes Leid,
Begütert, Groß und Mächtig,
Hochangesehn und Prächtig
Ist alles Eitelkeit.

9. Wenn unsre Zeit verwichen,
So kömmt der Tod geschlichen
Und führet uns davon,
Den Frommen zu dem Leben,
Dem Bösen wird gegeben
Das Hellenfeur zu Lohn.

10. Drüm trag' ich groß Verlangen,
Daß sich doch an= mag= fangen
Der hertzgewünschte Tag,
Da ich bei GOtt im Himmel,
Von allem Erdgedümmel,
Mich ewig freuen mag.

11.

Ach, eilt ihr Todesstunden,
Da ich sol sein entbunden,
Der letzten bösen Welt,

Laß mich im Himmel schweben,
Weil mir diß falsche Leben
Durchaus nicht mehr gefällt.

Erläuterungen und Anmerkungen.

1. Ein Sterbelied aus des Bfs.: „Fortgepflanzter Musicalisch-poetischer Lustwald.“ Jena, 1657. — Aufgenommen: bei Müller (Magdeburg seit 1729), fehlt jedoch wieder 1738. (cf. Fischer a. a. O.)

2. Die Melodie ist: O Welt, ich muß dich lassen, 2c. N. giebt eine eigene Melodie, bemerkt aber zugleich: „Auf beigefügte Herrn Heinrich Albertens Mel.: „Was wilst du armes Leben“ 2c. gerichtet. Kan sonst auch gesungen werden nach Lobwassers 6. Pf.: „In deinem großen Zorn“ 2c.

5. Klaglied,

Eines hochbetrübten und unglückseeligen Menschen, in welchem Er ihm für allen Dingen, einen seeligen Tod wünschet.

1. Ich bin müde mehr zu Leben,
Nim mich, liebster Gott, zu dir,
Muß Ich doch im Leben hier,
Täglich in Betrübnüß schweben.
Meine gröste Lebenszeit
Leufft dahin in Traurigkeit.

2. Möcht' es dir, mein Gott, gefallen,
Wolt' ich hertzlich gern ins Grab,
Da mein Leib geschnitten ab,
Da mein schmertzen-volles Wallen,
Dieses Lebens gantz verschwindt,
Und sein endlichs Ende findt.

3. Ich verschmachte fast für Sorgen,
Meine milde Thränenfluht,
Und des Kreutzes heiße Gluht
Sind mein Frühstück alle Morgen,
Furcht, Betrübnüß, Angst und Noht
Sind mein täglichs Speisebrodt.

4. Seh' Ich jene böse Rotten,
Die sich in die Welt verliebt,
Werd' Ich innerlich betrübt,
Wenn Sie meiner hönisch spotten;
Wenn Sie schreihen: Seht den Mann,
Dem sein GOtt nicht helfen kan.

5. Dann geh' ich in meine Kammer,
Fall' auf meine matte Knieh',
Heul' und winsel' ie und ie,
Und beweine meinen Jammer,
Meiner Thränen milder Lauff
Steiget zu Dir wolken-auf.

6. Gott, wenn wirst du dich erbarmen,
Über meine schwehre Pein?
Wenn wirst du mir gnädig sein?
Ach! wenn wirst du mich umarmen?
Ach! mein GOtt, wie lang, wie lang,
Sol mir doch noch sein so bang?

7. Setze mich doch einmal nieder,
Laß mich kommen doch zur Ruh,
Allerliebster Vater du,
Tröste mich doch einmal wieder,
Gib mir endlich doch einmal,
Hertzenslust nach dieser Qual.

8. Doch wer weiß worzu es nützet,
Daß Du mich so züchtigest?
Daß ich werde so gepreßt?
Und vor welcher Noht es schützet?
Denn wer in der Welt sich freut,
Kömmt oft um die Seeligkeit.

9. Darum laß die Straff' ergehen,
Schlage zu und steupe fort,
Liebster GOtt und schone dort,
Doch damit Ich aus- kan- stehen,
So verleihe Mir Gebuld,
Nach verborgner Baterhuld.

10. Und uim mich nach deinem Willen,
Nach der ausgestandnen Qual,
In den großen Freudensaal,
Da sich alle Noht wird stillen,
Kom, mein GOtt, wenn dirs gefällt,
Und reiß Mich von dieser Welt.

Erläuterungen und Anmerkungen.

1. Ein Sterbelied, zuerst in des Vfs.: „Poetisch- und Musicalisches Lustwäldchen." Hamburg 1652. Man will wissen, auch dieses Lied sei 1646 nach jener Feuersbrunst gedichtet, die Neumark in Königsberg aller seiner Habe beraubte. S. o. S. 16.

2. Aufnahme fand das Lied in Goslar 1676, Halberstadt 1699, Schleusingen Hertzens-Music 1701, Berlin bei Porst (1700) und bei Schlechtiger 1704, bei Crüger: Praxis piet. mel. 1712, Gotha 1715, Hildburghausen 1716, Corbach 1721, Eisleben 1724, Breslau 1734, Quedlinburg 1736, bei Gottschaldt (Universal-Gesangbuch) 1737, in Leipzig 1738, bei Schöber (Lieder-Segen) 1769. Mühlhäuser Gesangbuch (1780), Thüringer Gesangbuch, Mühlhausen 1861. In mehrern Gesangbüchern (Dresden, Suhl) erscheint es nicht unwesentlich verändert: „Ich begehr nicht mehr zu leben, schnödes Leben faßte hin" 2c. Als Veränderer wird im Suhler Gesangbuche Joh. Casp. Werner genannt. (cf. Fischer a. a. O. Teil I. Seite 322.)

3. Die Melodie ist: Ach, was soll ich Sünder machen. Die Original-melodie bei Neumark rührt von C. Bythner († 1679) her.

6. Morgenlied.

In welchem Er GOtt dem Allmächtigen, vor gnädigen Schutz danket, und
daß er Ihn den zukünftigen Tag vor den drey Erbfeinden der Seelen,
als vor dem Teufel, der Welt und dem Fleische behüten, von bösem
Vornehmen und liederlicher Gesellschaft ab- und zu sich ziehen wolle,
hertzlich bittet.

1. Ich danke dir mein GOtt von Hertzen,
Daß du mich die vergangne Nacht,
Für allen Unfall, Noht und Schmertzen
Durch deinen Engel hast bewacht,
Und mich mit deiner Hand bedekket,
Daß mich kein Ungeheur erschrekket.

2. Laß auch die Sündennacht verschwinden,
Und strahle mich mit Gnaden an,
Laß dich auch heute gütig finden,
Und führe mich auf deiner Bahn,
Ach laß mich doch ja nichts gedenken,
Was dich hertzliebsten Gott mag
kränken.

3. Verleih daß all mein Thun und
Tichten,
Und was ich immer schaffen mag,
Allein zu dir sich möge richten,
Daß ich auf diesen gantzen Tag.
Nichts Ungebührlichs vor- mag-
nehmen,
Des sich ein frommer Christ muß
schämen.

4. Wenn mich der Teufel wil belauren,
Wenn mir die falsche Welt
nachstellt,
So sei du meine starke Mauren,

Mein Schild, mein Schutz, mein
    festes Zelt,
Wil mich mein Sündenfleisch be-
    streiten
So steh mir Ritterlich zur Seiten.

5. Behüt mich auch für solchen Rotten,
So von verfluchter Falschheit sein,
Die dich und fromme Leute spotten,
Die einen lieben auf den Schein,
Laß mich bey solchen Menschen wandeln,
Die redlich und aufrichtig handeln.

6. Gib daß nach solchem Thun ich
    strebe,
Damit ich Dir, der Obrikeit,
Und keinem nicht zuwider lebe,
Insonderheit bey dieser Zeit,
Da Tugend in Verachtung kommen,
Und Falschheit überhand genommen.

7. Verleih mir deinen reichen Segen,
Ich thu' auch was ich immer thu;
Denn hieran ist es mir gelegen,
Daß du mir gnädig sprechest zu,
Wirst du mir, Vater, diß verleihen,
So muß all' Arbeit wohl gedeyen,

8. Denn dir mein GOtt hab' ich ergeben,
Mein Hertz und meinen gantzen Muht,
Mein Thun und Laßen, Leib und
    Leben,
Mein gantz Vermögen, Hab' und Gut.
Das wirst du alles für Gefahren,
Als mein Beschützer wohl bewahren.

9. Soll aber ich mein Leben enden,
Wie es denn endlich kömmt einmal,
So wolst du deinen Engel senden,
Der mich trag aus dem Jammerthal,
Aus diesem steten Kreuz' und Leiden,
Zu dir und deinen Himmelsfreuden.

Erläuterungen und Anmerkungen.

1. Die Anklänge an Alberts Lied: „Gott des Himmels und der Erden" ꝛc. sind unverkennbar.

2. Aus des Vfs.: „Fortgepflanzter Musicalisch-poetischer Lustwald. Jena 1657. Aufgenommen: bei Saubert (Nürnberg 1676), in Hävecker Hertzopfer (Magde-burg 1700), in Halberstadt 1712, Quedlinburg 1736. In den Magdeburger Gesangbüchern und ebenso u. a. im Bollhagenschen Gesangbuche erscheint seit 1720 zu Anfang folgende hier im Urtexte wiedergegebene Strophe:

Ach, laß dir liebster Gott, gefallen,
Was meine Dankbarkeit dir bringt,
Hör' gnädig an mein schlechtes Lallen,
Welchs dir mein Saitenspiel itzt singt,
Welchs bloß allein zu beinen Ehren
Sich höchstes Fleißes läſſet hören.

Ebenso im Danziger Gesangbuche vom Jahre 1668. (cf. Fischer a. a. O. T. II. S. XVI.)

2. Die öfters vorgezeichnete Melodie: „Wer nur den lieben Gott läßt walten" ꝛc. paßt nicht für Zeile 5 und 6. Es empfiehlt sich die anderweite: „Ich bete an die Macht der Liebe," (g h g a d c h a g) cf. Kocher: Zionsharfe ꝛc. Stutt-gart, 1855, Nr. 461. R. hat das Lied „auf eine siebensaitige Violbagamma ge-setzt," bemerkt aber, es könne auch auf die Mel.: „Wohl dem, der sich nur läßt begnügen" ꝛc., gesungen werden.

7. Gesprächlied,

Zwischen der Durchleuchtigen, Hochgebohrnen und
Seelig=abgestorbenen Fürstin
und Freulein,
Freulein Wilhelminen-Eleonoren
Hertzogin zu Sachsen-Weimar, etc. und den hinder=
laffenen Hochfürstl. Eltern und Freunden.

1.

Freunde.

Traurigkeit,
Weh und Leid
Kränken unfre Sinnen,
Weil du mußt,
Unfre Luft,
Nun fo bald von hinnen,
Weil Wir Dich itzt müffen fehn
Auf der Todtenbahre ftehn.

2.

Freulein.

Stellet ein
Eure Pein,
Ihr, O meine Lieben,
Laffet Euch
Meine Leich
Nicht fo fehr betrüben,
Seht es ift des Höchsten Schluß,
Daß ich von Euch fcheiden muß.

3.

Freunde.

Es ift zwar
Alles war,
Jeder Menfch muß fterben,
Darum nu
Muft auch Du
Durch den Todt verderben,
Aber es kränkt Hertz und Sinn,
Daß fo früh Du fcheideft hin.

4.

Freulein.

Nicht zu früh
Sterb' ich hie,
Jefus, meine Wonne,
Nimmt mich auf
Durch den Lauff,
Jefus, meine Sonne.
Wer auf Erben lange lebt,
Lang' auch in Betrübnüß fchwebt.

5.

Freunde.

Du kanft hier,
Liebfte Ziehr,
Auch ja Freube haben,
Schau zurükk
Auf das Glükk,
Schau doch feine Gaben,
Alles wird Dir beygebracht,
Was dein Hertz nur hat erbracht.

6.

Freulein.

Aller Welt
Gut und Geld
Mich nun nicht ergetzet,
Güter find
Rauch und Wind,
Die fo hoch Ihr fchätzet,
Sie find nur ein Sündenwuft,
Aber hier ift rechte Luft.

7.
Freunde.

Kränkt dich nicht,
Schönes Licht,
Unser großes Schmertzen,
Das uns itzt
So erhitzt,
Nur üm dich, im Hertzen?
Schau, wie unser Thränenfluß
Deinetwegen fliessen muß.

8.
Freulein.

Freylich ja,
Seh' ich da,
Daß die Augen röhten;
Aber denkt,
Was Euch kränkt,
Das ist nicht von Nöhten.
Denn Ihr solt mich, mit der Zeit,
Wieder sehn in Herrlichkeit.

9.
Freunde.

Deine Ziehr
Muß ja hier
Durch den Tod verrotten,
Dein Gebein
Wird ja sein
Ein Behalt der Motten:
Du wirst ja durch deinen Todt
Wiederum zu Staub und Koht.

10.
Freulein.

Alles diß
Ist gewiß,
Aber GOTT verklähret
Wiederüm
Üm und üm
Was der Wurm verzehret.
Man wird alle Fromme sehn
Böllig wieder auferstehn.

11.
Freunde.

Ist denn nun
Unser Thun
Alles nur vergebens?
Achst du nichts
Dieses Lichts,
Und des lieben Lebens?
Wird denn, was uns hier ergetzt,
Alles von Dir schlecht geschetzt?

12.
Freulein.

Eure Freud'
Ist nur Leid,
Und ein blosser Schatten,
Muß nicht oft
Unverhofft
Sich die Freude gatten,
Auf dem schnöden Jammerthal,
Mit der bittern Angst und Qual?

13.
Freunde.

Es ist war,
Die Gefahr
Schwebt uns auf dem Rükken.
Wie ein Wind,
So geschwind
Kömmt des Glükkes Tükken.
Darum bist du wohl daran,
Die du steigest Himmel-an.

14.
Freulein.

Seht Ihr nun,
Euer Thun,
Ihr, itzt Hochbetrübte?
Darüm seyd
Auch bereit,
Ihr, O Hertzgeliebte,
Daß Ihr seelig, sanft und still
Sterbet, wenn der Höchste wil.

Erläuterungen und Anmerkungen.

1. Sowohl das vorstehende als auch das nachfolgende Lied: „Nun laßt uns den Leib begraben", oder richtiger: „So traget mich denn immer hin" dichtete Neumark gelegentlich des Ablebens der kaum 17 Jahre alt gewordenen Prinzessin Wilhelmine Eleonore, Herzogin zu Sachsen-Weimar am 1. April des Jahres 1653, „auf Fürstliches Begehren" zum Trost der hinterbliebenen Eltern und Freunde der Verstorbenen. Bei Überführung der Leiche in die Schloßkirche wurde das erste, und bei ihrer Versenkung in die Gruft das zweite Lied gesungen.

Beide Lieder, mit Wechselchören, wurden später bei Leichenbegängnissen sehr häufig gebraucht.

2. Die Melodie anlangend, so ist es wahrscheinlich, daß die Klage der Freunde nach der Weise: „Nun hab' ich völliglich" 2c. mehrstimmig gesungen wurde, die Trostesrede des Fräuleins dagegen nach Neumarks eigen erfundener Melodie, die, für eine hohe Stimme gesetzt und von einem Instrumente, das sich zumeist über ihr bewegte, begleitet, gegen den vollen Chor in wirkungsvollen Gegensatz trat.

8. Begräbnüßlied

Als vor hochgedachtes Seeliges Freulein gleich
itzo in Ihr Ruhkämmerlein versetzet wurde.
Auf Fürstlichen Befehl Gesprächweise gesetzet, und wechselweise von der Fürstlichen
Capell- und Stadt-Cantorey abgesungen.

Stadt-Cantorey.

1. Nu laßt uns den Leib begraben,
Daran Wir kein' Zweifel haben,
Er wird am Jüngsten Tag' aufstehn,
Und unverweßlich herfür gehn.

3. Erb' ist ER, und von der Erden,
Wird auch zu Erd wieder werden,
Und von der Erd wieder aufstehn,
Wenn Gottes Posaun wird angehn.

5. Sein' Seele lebt ewig in GOtt,
Der Sie allhie aus lauter Gnad,
Von aller Sünd und Missethat,
Durch seinen Sohn erlöset hat.

7. Sein Jammer, Trübsal, und Elend
Ist kommen zu eim' seelig'n End,
Er hat getragen CHristi Joch,
Ist gestorben, und lebet noch.

Fürstl. Capelle.

2. So traget Mich denn immer hin,
Da ich so lang verwahret bin,
Biß GOTT, mein treuer Seelenhirt,
Mich wieder auferwecken wird.

4. Ja freylich, werd' ich durch den Todt
Zu Aschen, Erden, Staub und Koht,
Doch wird biß schwache Fleisch u. Bein,
Von meinem Gott verkläret sein.

6. Mein Leib bleibt hier der Würme Spott,
Die Seele lebt bey ihrem GOtt,
Der sie durch sein so bittres Leid,
Erlöset hat zur Seeligkeit.

8. Was mich vor Trübsal hat verletzt,
Wird nun in höchste Lust versetzt,
Die Welt ist nur ein Jammerthal,
Dort aber ein recht Freudensaal.

9. Die Seele lebt ohn alle Klag',
Der Leib schläft biß am Jüngsten Tag',
An welchem GOtt ihn verklähren,
Und ew'ger Freud wird gewehren.

10. Wenn alle Welt zu trümmern bricht,
Und GOtt wird halten sein Gericht,
So wird mein Leib verkläret stehn,
Und in das Himmelreich eingehn.

11. Hie ist ER in Angst gewesen,
Dort aber wird ER genesen
In ewig'r Freud und Wonne,
Leuchten, als die helle Sonne.

12. Wie manche Wiederwertigkeit
Hatt' ich bey meiner Lebenszeit?
Nun aber ist mir nichts bewust,
Als aller Auserwehlten Lust.

13. Nun lassen wir Ihn hie schlaffen,
Und gehn All' heim unser Strassen,
Schiken uns auch mit allem Fleiß,
Denn der Tod kömmt uns gleicher Weiß.

14. So laßt mich denn in sanfter Ruh,
Und geht nach eurer Wohnung zu,
Ein Jeder denke Tag vor Tag,
Wie ER auch seelig sterben mag.

Beyde Chöre.

Das helf uns CHristus unser Trost
Der uns durch sein Blut hat erlöst
Vons Teufels G'walt und ewig'r Pein
Ihm sey Lob, Preiß und Ehr allein.

Erläuterungen und Anmerkungen.

1. Siehe das vorhergehende Lied, Anmerkung 1. — Nr. 2 Zeile 1 ändert man häufig, wie folgt: „So b'grabet mich denn immerhin 2c." Das Ganze ist eine versweise Antwort des Verstorbenen auf den alten Grabgesang von Michael Weiße: „Nun laßt uns den Leib begraben 2c." vom Jahre 1531.

2. Eine Originalmelodie fehlte damals noch; die jetzt verbreitetste In älterer Zeit begegnet das Lied u. a. bei Vorst (1700) und im Mühlhäuser Gesangbuch (1780); in neuerer Zeit aber fand es noch Aufnahme u. a. in A. Knapp: „Evangelischer Lieberschatz." Stuttgart und Tübingen 1850. (g a g fis g a h g) begegnet zuerst bei Georgen Rhaw, Wittenberg, Schulgesänge 1544.

9. Sieg- und Danklied

Eines Gottseeligen Herzens vor die freudenreiche Auferstehung Christi.

Nun wohlauf ihr meine Sinnen,
Auf mein hocherfreuter Geist,
Lasset uns ein Lied beginnen,
Das den Allerhöchsten preist.
Lasset uns von ganzer Seelen,
Singend Gottes Werk, erzehlen.

Auch wir, die wir vormals sassen,
In der schwarzen Hellen Schoß,
Sind durch Ihn nun frei gelassen,
Und vom Tod' und Teufel loß:
Heut hat CHristus triumfiret,
Damit uns kein' Angst mehr rühret.

CHristus der vor wenig Tagen,
Gleichsam sich von uns verlohr,
Den man in sein Grab getragen,
Hebet nun sein Haupt empor,
Und ist von des Todes Banden,
Siegreich wieder auferstanden.

Niemand war, der uns der Ketten
Belials zuvor befreyt,
Niemand kunt uns sonst erretten.
Von des Todes Grausamkeit,
Aber CHristus hat gesieget,
Daß nun Tod und Teufel lieget.

Sag mir, Tod, wo ist die Spitze
Deines Stachels? und dein Krieg?
Ist auch, Hölle, dir was nütze,
Dein zuvor vermeinter Sieg?
Kuntet ihr auch einmal stehen,
Als ihr Christum nur gesehen?

Zwar ihr habet euren Willen;
An des HERREN Tod gesehn
Aber Gottes Zorn zu stillen,
Muste dieses so geschehen.
Denn das Leben uns zu erben,
Muste Christus einmal sterben.

Nunmehr schwinget ER die Fahnen
Seines Sieges über Euch,
Und wil uns die Strasse bahnen,
Aus dem Grab ins Himmelreich.
Dessen Auferstehung machet,
Daß ein Christ des Todes lachet.

Nun wohlan ihr meine Geister,
Denket täglich doch daran,
Was bei uns der Himmelsmeister,
Durch sein Auferstehn gethan.
Dankt und lobt Ihn, weil ihr lebet,
Und in meinem Hertzen schwebet.

Erläuterungen und Anmerkungen.

Die wertvolle, von E. Kindermann († 1655) herrührende Melodie bringt
von Winterfeld a. a. O. T. II. Sie beginnt: g a h a g a h c d d.

10. Trostlied
Eines in Unglück und Widerwertigkeit Schwebenden.

Sey nur getrost und unverzaget,
Wenn dich, O Israel, mein Kind,
Betrübnüß, Angst, und Wehmuht plaget,
Wenn dir der Nördlich' Unglückswind
Mit seinem Sturm und starkem Sausen
Wil rasend unter Augen brausen.

Steh als ein Mann, laß dich nicht schrekken,
Halt aus, und bleibe fest bestehn,
Laß dir es keine Furcht erwekken,
Laß dieses Wetter übergehn.
Du wirst sehr große Freud' empfinden,
Nach diesen herb= und rauhen Winden.

Laß ab von deinen schweren Sorgen,
Ich habe ja mein Angesicht
Nur eine kleine Zeit verborgen,
Und von dir Israel gericht,
Ich wil nur sehn in solchen Fällen,
Wie du, mein Kind, dich an= wirst= stellen.

Ich wil ein wenig nur versuchen,
Wie groß doch deine Liebe sey,
Ob Du Mir auch wirst trotzig fluchen,
Und wie beständig deine Treu,
Ich steupe Dich üm zu-zu-sehen,
Wie du bey deinem Gott wirst stehen.

Ich habe Dich bey beinem Nahmen
Geruffen, und Mir auserwehlt,
Ich habe Dich und beinen Sahmen
Erlöſet, und mang bie gezählet,
Die ſich gehorſamlich erzeigen,
Denn Israel bu biſt mein eigen.

Geh ſicherlich burch Waſſerfluhten,
Du wirſt gantz unverletzet gehn,
Geh ungeſcheut durch Feuersgluhten,
Kein Brandmahl wird man an Dir ſehn.
Denn ich wil allzeit bey Dir bleiben,
Und allen Unfall von Dir treiben.

Kan Ich Dich nun in dieſen ſchützen,
Was meinſtu wohl mein Israel,
Was Ich Dir werde können nützen,
Wenn Dich betreffen andre Fäll'?
Ich bin bein Heyland, bein Erretter,
Drüm fürcht Dich nicht im Unglückswetter.

Erläuterungen unb Anmerkungen.

1. In einer ſpäteren Faſſung als ber vom Jahre 1657 lieſt Neumark
ſelbſt: „Israel, ſey unverzaget!" ꝛc.

Es iſt ein Troſtlieb, welchem ber Spruch Jeſ. 43, 1: „Fürchte bich nicht,
ꝛenn ich habe bich erlöſet!" zu Grunde liegt.

2. Die Melobie (d f g a c d c h a a) rührt her von Crato Bythner,
Muſikbirektor in Danzig († 1679).

11. Klaglied,

Eines in Unglükk ſchwebenden Menſchen,
in welchem ER ſeinen betrübten Zuſtand in GOttes Willen ſetzet.

1. Wie mein gerechter GOtt nur wil,
In dieſen ſchwehren Sachen,
So halt' ich Ihm auch gerne ſtill,
Und laß' es Ihn nur machen,
GOtt weiß wohl, was mir nütz und gut,
Und wirb aus väterlichem Muht',
In meiner Wohlfahrt wachen.

2. Ob ich gleich benke, biß und bas,
Was ich boch ſol beginnen,
Und gräme mich ohn Unterlaß,
Mit hochbetrübten Sinnen;
So kan ich burch mein Hertzeleid,
Der großen Wiberwertigkeit,
Doch nichtes abgewinnen.

3. Drüm laß' ich gehen, wie es geht,
Und ſenbe meine Thränen
Vor GOttes hohe Majeſtät,
Mit bittern Hertzensſehnen.
GOtt wird boch wieberüm einmal,
Nach dieſer ſchwehren Sinnenqual,
Der Gütigkeit erwehnen.

4. In deſſen leib' Ich mit Gebulb,
Biß GOtt ſich wieder finde,
Denn alles biß hab' ich verſchulb,
Mit meiner großen Sünde,
Ich weiß, GOtt wird mich wunderbar
Erretten aus der Angſtgefahr,
Das ich itzt nicht ergründe.

5. Wird mich, mein GOtt, mein Seelenlicht,
  Des Zweifels nur befreyen,
  Und mir des Glaubens Zuverſicht
  Genädiglich verleihen,
  So muß mir dieſes große Leid,
  Des Glückes Widerwertigkeit,
  Noch endlich wohl gebeihen.

Erläuterungen und Anmerkungen.

1. Ein Kreuz- und Troſtlied aus des Vfs. „Fortgepfl. Muſikal.-Poetiſcher Luſtwald". Jena 1657. — Man darf wohl annehmen, daß Neumark auch dies Lied auf ſeinen Wahlſpruch: Ut fert divina voluntas, d. i. „Wie Gott will, ſo halt ich ſtill" gedichtet hat. In einigen Geſangbüchern lautet Str. 1, Zeile 1: „Wie mein getreuer Vater will." Aufnahme fand das Lied u. a. bei Wagner (Leipzig 1697), bei Meyer (Berlin 1707), in Hildesheim (1730.) (Fiſcher a. a. O. T. 2, S. 379.)

2. Die beigegebene Melodie (h g h c̄ c̄ h h a) rührt von Adam Dreſe († 1718) her. Das Lied iſt aber auch ſingbar nach der Mel.: „Herr Jeſu Chriſt, du höchſtes Gut ꝛc."

12. Troſtlied.

Daß GOTT einen Jeglichen zu ſeiner Zeit verſorgen und erhalten wil. Nach dem Spruch: „Wirf dein Anliegen auf den Herrn, der wird dich wohl verſorgen."

(Pſalm 37, 37—39; Pſalm 55, 23; Sirach 2, 6; Eph. 3, 20. 21; Ebräer 10, 35.)

1. Wer nur den lieben Gott läſt walten,
  Und hoffet auf Ihn allezeit,
  Der wird Ihn wunderlich erhalten,
  In aller Noht und Traurigkeit.
  **Wer GOtt dem Allerhöchſten traut,
  Der hat auf keinen Sand gebaut.**

2. Was helfen uns die ſchwere Sorgen?
  Was hilft uns unſer Weh und Ach?
  Was hilft es daß wir alle Morgen,
  Beſeuftzen unſer Ungemach?
  **Wir machen unſer Kreutz und Leid,
  Nur größer durch die Traurigkeit.**

3. Man halte nur ein wenig ſtille,
  Und ſey doch in ſich ſelbſt vergnügt,
  Wie unſres GOttes Gnadenwille,
  Wie ſein Allwiſſenheit es fügt,
  GOtt der uns Ihm hat auserwehlt,
  Der weis auch ſehr wohl was uns fehlt.

4. Er kennt die rechte Freudenſtunden,
  Er weis wohl wenn es nützlich ſey,
  Wenn ER uns nur hat treu erfunden,
  Und merket keine Heucheley.
  **So kömmt GOtt eh wir uns verſehn
  Und leſſet uns viel Guts geſchehn.**

5. Denk nicht in deiner Drangſalshitze,
  Daß du von GOtt verlaſſen ſeyſt,
  Und daß GOtt der im Schoße ſitze,
  Der ſich mit ſtetem Glücke ſpeiſt.
  Die Folgezeit verändert viel,
  Und ſetzet Jeglichem ſein Ziel.

6. Es ſind ja GOtt ſehr ſchlechte Sachen
  Und iſt dem Höchſten alles gleich,
  Den Reichen klein und arm zu machen,
  Den Armen aber groß und reich.
  GOtt iſt der rechte Wundermann,
  Der bald erhöhn, bald ſtürtzen kan.

7. Sing, bet, und geh auf GOttes Wegen
   Berricht' das Deine nur getreu,
   Und trau des Himmels reichem Segen,
   So wird Er bey dir werden neu.
   Denn Welcher seine Zuversicht,
   Auf GOtt setzt, den verläst Er nicht.

Wie billig, wenden wir diesem Liede nun unsere besondere Auf=
merksamkeit zu.

M. E. Neumeister († 1756) nennt dasselbe in seinem Werke:
„Specimen dissertationis historico-criticae de poëtis germanicis"
(1694), in welchem er nahezu 400 Lieder nach ihrem Werte oder Un=
werte prüft, mit vollem Rechte „Palmarius ille hymnus" und Cunz
(Geschichte des deutschen Kirchenliedes, Leipzig 1855) bemerkt hierzu:
„Auch wir[40]) können dem Neumark die Palme erteilen: 1. wegen des
Inhalts, um der klaren und herzlichen Sprache willen. — Daß ein
Kirchenlied nicht christlich sein könne, wenn nicht „der Name Christi"
oder „Dreieiniger" darin vorkomme, von dieser drückenden Sorge
wußten die Alten nichts. 2. Wegen der Melodie, denn Neumark ist
Dichter und Sänger zugleich."

G. Wimmer („Ausführliche Lieder=Erklärung, Altenburg 1749")
bezeichnet das Lied als „einen guten Rath in der Noth, der uns lehrt
das Übel überwinden und das Gute finden", und von Bunsen („Ver=
such eines allgemeinen ev. Gesang= und Gebetbuchs, Hamburg 1833")
erklärt es für ein volksmäßiges christliches Betrachtungslied vom gläubigen
Gottvertrauen *).

I. **Entstehung des Liedes.** Wann, wo und aus welcher lebensgeschicht=
lichen Veranlassung das Lied gedichtet ist, wiesen wir bereits S. 12 nach.
Denn in das Gebiet der Sage gehört es, wenn Amarantes (Herdegen),
ein Historiograph des löblichen Hirten= und Blumenordens an der Pegnitz,
im Jahre 1744 angeblich auf Grund einer ihm gewordenen mündlichen
Mitteilung eines angesehenen Mannes berichtet: „Hier (in Hamburg)
i. J. 1653 lebte Neumark als dienstlos in großer Armuth, so gar, daß
er seine Viola di Gamba, welche er vortrefflich spielen konnte, versetzen
mußte. Endlich wurde er recommandirt an den schwedischen Residenten,
Herrn von Rosenkranz; der gab ihm zur Probe etwas an die Reichs=
räthe in Schweden aufzusetzen, und da es wohl gerieth, nahm er ihn

---

*) Bemerkenswert ist Daniels Urteil über das Lied: „Möge nie die Zeit
kommen, wo die erbaulichen Worte des frommen Dichters aus unsern Schulen
und Häusern verschwinden! Daß aber der in den meisten Versen angestimmte
Ton sich zu der Erhabenheit und Objektivität der Kirchenpoesie erhebe, müssen
wir bestimmt leugnen." (Ev. Kirchengesangb. Halle 1842.)

an zum Secretario mit hundert Thalern schwer Geld zur Gage. Als Neumark seine Viola di Gamba wieder eingelöset, machte er das Lied, und da er es componiret, spielte er es das erste Mal darauf mit Vergießung vieler Thränen." Koch (a. a. O.) bemerkt hierzu, daß sich unter Neumarks Gedichten einige Begrüßungsverse an einen schwedischen Reichsrath Rosenhan (Rosenkranz) befinden, die auch in Hamburg gedichtet zu sein scheinen*).

Nachmals hat diese Sage in einer Jugendschrift von G. Nieritz („Georg Neumark und die Gambe", Wesel, 4. Aufl.) einen Bearbeiter gefunden, nachdem sie bereits von dem Hofrath Friedrich Kind († 1843) in nachstehendes Lied eingekleidet worden war.

Georg Neumark und die Gamba
oder
Wer nur den lieben Gott läßt walten.

1.
Sing', bet' und geh' auf Gottes Wegen,
Verricht das Deine nur getreu,
Und trau des Himmels reichstem Segen!
Rief Neumark jeden Tag aufs Neu,
Sang Lieder zu des Höchsten Preis,
Trieb Wissenschaft mit regem Fleiß.

2.
Die, deren Wandel ist im Himmel,
Trifft aber oft viel Mißgeschick,
Indessen die im Weltgetümmel
Genießen manches Erdenglück.
Auch Neumark fiel in Ungemach,
Daß fast die Notdurft ihm gebrach.

3.
Schon ward ihm das Gerät entrissen,
Als Unterpfand für Wuchergeld: —
Wohl mehr noch muß ein Ärmerer missen,
Sprach Neumark, floh zu Wald und Feld.
Erst mit des Dichters liebstem Gut,
Dem Bücherschatz, entwich sein Mut.

4.
Doch wankt auch jetzt nicht sein Vertrauen,
Obwohl die letzte Hilfe schwand,
Er ließ nicht ab, auf Gott zu bauen
Bei harter Kost und leerer Wand,
Und sang mit jedem Morgenlicht
Ein Lied voll froher Zuversicht.

5.
Spät, wenn beim Schein der düstern Lampe
Die Schwermut seinen Geist umschlich,
Ergriff er die geliebte Gambe,
Die er mit fert'gem Finger strich.
Beim Finden süßer Melodie'n
Kam Trost des Himmels über ihn.

6.
Nichts endlich war ihm mehr geblieben,
Als diese holde Trösterin.
Von Nahrungssorgen hart getrieben,
Trug er sie auch zum Wuchrer hin,
Nahm Abschied von dem teuren Pfand,
Gab zitternd es aus seiner Hand.

7.
Erst als ihm nun beim Dunkelwerden
Der einz'gen Freundin Trost gebrach,
Vermißt er jedes Glück auf Erden
Und seufzte still ein banges Ach!
Dann rief er seinem Gott getreu:
Du weißt's, ob Hilfe heilsam sei!

8.
Gott wußt es auch! — am nächsten Morgen
Berief ein Graf den Unglückssohn
Und sprach: „Man sagt, ihr lebt in Sorgen.
Wie? wär' dies wohl verdienter Lohn?
Bewährt mit eure Kunst durch That,
Mit einer Schrift an Schwedens Staat."

---

*) Siehe dagegen oben S. 20.

9.

Den Blick empor zu Gott, dem Retter,
Fleht Neumark seinen Beistand an,
Durchliest die überreichten Blätter,
Betritt voll Muts die neue Bahn.
Kaum weicht die dunkle Mitternacht,
So ist mit Gott das Werk vollbracht.

10.

Und sieh! mit Gott ist's wohl gelungen!
Der Graf erhebt es hoch vergnügt.
Wie kräftig, wie mit Feuerzungen
Der Jüngling Wort an Wort gefügt.
„Nimm!“ — ruft er — „dies aus
                                    Dankbarkeit
Und bleibe meinem Dienst geweiht.“

11.

Ja! würdig war die Ehrenspende
Deß, der sie gab, deß, der sie nahm,
Er drückt gerührt des Edlen Hände
Mit stummem Dank, mit schöner Scham;
Ihn treibt das volle Herz nach Haus —
Doch löst er erst die Gambe aus.

12.

Nun grüßt er die verarmten Mauern,
Die er so oft, voll Grams, gefloh'n,
Mit Jubel, greift mit süßem Schauern
Den lieben, lang entbehrten Ton,
Drückt fest die Gambe an die Brust
Und stimmet sie mit inniger Lust.

13.

Nicht länger kann die Glut sich halten,
Er dichtet, spielt mit frommer Hand!
Wer nur den lieben Gott läßt walten —
Noch immer singt es Stadt und Land,
Und manches Herz, des Kummers Raub,
Schlägt leichter — segnet Neumarks Staub.

Dem gleichen Versuche begegnen wir in nachstehendem Gedichte bei J. D. Börckel „Ehrengedächtniß evangelischer Glaubenshelden und Sänger“ 2c. Leipzig 1830.

Georg Neumark.

Hört, Freunde, wie vor vielen Jahren
Aus seines Herzens vollem Drang
Ein Sänger, was er selbst erfahren,
In diesem Liede preisend sang.
Hört es, und singt's, wenn Ungemach
Euch trifft, dem frommen Sänger nach.

Manch Schiff, mit Schätzen ferner Zonen
Trieb sie an Hamburgs reichen Strand
Fortunas Hauch; allein oft wohnen
Verdienst und Armut Hand in Hand,
Wo dem, der Glückes Huld genießt,
Des Reichtums Fülle sich erschließt.

Treu weiht und eifrig seine Jugend
Neumark der Wissenschaft und Kunst
Und ehrte Gott und übte Tugend;
Doch ihm ward nicht des Glückes Gunst:
Kaum, daß es Wasser noch und Brot
Mit karger Hand dem Armen bot.

Wohl manches Kleinod sah er schwinden,
Manch teures Erbe gab als Pfand,
Des Hungers Klau'n sich zu entwinden
Er duldend in des Wuchrers Hand;
Er murrte nicht, hielt still dem Herrn,
Und that das Seine treu und gern.

Nichts endlich blieb von aller Habe
Ihm, als sein Saitenspiel allein,
Um es als Pfand für dürftge Gabe
Des Wuchers harter Gier zu weih'n.
Da seufzt der Jüngling schwer; fast brach
Das Herz dem Armen, und er sprach:

„So willst auch du nun von mir scheiden,
Willst nun, geliebte Gambe mein,
Du Freundin mir in Freud und Leiden,
Nicht mehr des Sängers Labsal sein?
O grausam schmerzliches Gebot
Der nie so schwer empfund'nen Not!

4*

Wenn ich in bangen, trüben Stunden,
Beseufzend beſſrer Tage Flucht,
Statt Blumen, Dornen nur gefunden,
Umſonſt ein Freundesherz geſucht:
Was war es, das dann meinem Gram
Die ſchärfſten Stacheln tröſtend nahm?

Du warſt es, freundliche Vertraute,
Ich nahm dich klagend an mein Herz,
Und ſanft beſprachſt durch ſüße Laute
Mitfühlend du den bittern Schmerz.
Du bliebſt mir noch; — auch du ſollſt nun
Nicht mehr an Sängers Buſen ruh'n.

In ſüßer Melobieen Tönen
Ging oft mit des Geſchickes Lauf
Und dieſer Welt mich auszuſöhnen,
Des Troſtes Himmel freundlich auf.
Nun ſoll ich troſtlos ganz allein,
Soll auch von dir verlaſſen ſein!

Zu hart, Geſchick, biſt du dem Armen,
Des Reichen Herden machſt du groß,
Und reißeſt aus des Dürft'gen Armen
Das einz'ge Lamm, erbarmungslos,
Nimmſt ihm den letzten Freund und Stab,
Und ſtößeſt höhnend ihn in's Grab.

Doch ſtill, mein Herz! barfſt du ſo klagen
Und murren wider Gottes Rat?
Noch waltet er, nicht barfſt du zagen,
Vielleicht, daß bald ſich Hilfe naht.
Oft kommt er, eh wirs uns verſeh'n
Und läſſet uns viel Guts geſcheh'n.

Schon fühl ich ſeines Geiſtes Wehen;
Auf denn, geliebtes Saitenſpiel,
Und ſollt' ich nie dich wiederſehen,
Und ſtänd' ich mit dir heut am Ziel:
Preis Gottes tön' als Schwanenſang
In deiner Saiten hellen Klang.“

Der Sänger ſprach es, und erquickte
Noch einmal ſpielend Herz und Ohr
Am Ton der teuren Gamb' und ſchickte
Zu Gott ein frommes Lied empor.
Bleibſt du nur, Herr, mein Freund und Hort,
Sang er und trug ſie ſtill dann fort.

Balb kehrt er in die öbe Zelle
Mit dem, was ihm der Wucherer bot,
Zurück, da rinnt der Thränen Quelle
Vom Aug' ihm, und benetzt ſein Brot;
Doch denkt er: Wer mit Zuverſicht
Auf Gott hofft, ben verläßt er nicht.

Wohl oft noch gingen ſeine Sorgen
Mit ihm zu Bett und ließen ihn
Wenn alles ſchlummert, eh der Morgen
Gegraut, ſein hartes Lager flieh'n.
Feſt blieb ſein Glaub und treu ſein Fleiß
Zu Gottes und der Tugend Preis.

Und ſieh, nicht eitel war ſein Hoffen,
Nicht unbemerkt blieb es dem Blick
Des Herrn, was ſeinen Knecht getroffen,
Denn freundlich wendend ſein Geſchick,
Kehrt er, erſehend ſeine Zeit,
In frohen Dank des Dulbens Leib.

Erſchöpft war ihm die letzte Quelle.
Da klopfts an ſeine Thür; — es ſtand
Der Retter ſchon an ſeiner Schwelle,
Den ihm die Vorſicht zugeſandt.
Ein Graf tritt ein (— ſein Angeſicht
Zeigt ſein Erbarmen ſchon —) und
ſpricht:

„Gerühmt hat man mir eure Gaben,
Geſchildert euer Ungemach;
Laßt mich von jenen Zeugnis haben,
Von dieſem zeugt ſchon dies Gemach.
Bewährt euch mir als tücht'gen Mann;
Vielleicht, daß ich euch helfen kann.

Iſt, was ich in euch ſucht', euch eigen,
Gemüt, mit Weltmanns Blick gepaart,
Laßt eine Schrift alsbald es zeigen
An Schwedens Stände dieſer Art.“
Drauf ſagt, wonach ſein Wunſch ihm ſteht,
Der Graf mit Mehrerm ihm und geht.

Kaum hat ein dankend Wort zu ſtammeln
Der Jüngling Zeit; von Staunen voll
Steht er, ſucht ſeinen Geiſt zu ſammeln
Und prüft, was er vermag und ſoll,
Blickt auf zu Gott und ſchickt ſobann
Zum neuen Werk ſich mutig an.

Bald ist's mit Gott vollbracht, es scheinet
Als ob ein guter Genius
Die Feder ihm geführt, so einet
Die Rede Klarheit, Kraft und Fluß.
Doch zweifelnd mit bescheidnem Sinn
Trägt ers zum edlen Grafen hin.

Mit freudiger Verwundrung Blicken
Durchliest's der Menschenfreund, und preist
Mit lautem Jubel voll Entzücken
Des Jünglings gabenreichen Geist.
Und beut mit zarter Schonung dann
So redend seine Börs' ihm an:

„Nimm dies, noch bleib ich dir verbunden
Für deine Müh; ich hab in dir
Mehr noch, als ich gesucht, gefunden;
Fandst du, was du gesucht, in mir,
So bleibe ferner mir vereint
Und sei Gehilfe mir und Freund.

In einem Strom von heißen Thränen
Zerfließt des Sängers Dankgefühl.
Drauf eilt er fort, ein mächt'ges Sehnen
Mahnt ihn an's teure Saitenspiel,
Das immer noch in Wuchrers Hand
Ihm ruht als teures Unterpfand.

Bald ist es wieder sein, mit Freuden
Trägt er es heim in sein Gemach,
Wo es so oft in bittern Leiden
Ihm Trost in seine Seele sprach.

Nun tönet Preis und Jubelsang
In seiner Saiten lauten Klang.

„Wer nur den lieben Gott läßt
      walten
Und hoffet auf Ihn allezeit,
Der wird Ihn wunderlich erhalten
In aller Noth und Traurigkeit!"
So sang der Jüngling hoch entzückt,
Wie Gott, der Retter, ihn beglückt.

Oft noch mit Zähren frommer Rührung
Sang er's als Mann, sang er's als Greis,
Und noch schallt's weit und breit, der
      Führung
Des Vaters in der Höh' zum Preis.
Und zieht besiegend Gram und Schmerz
Der Dulder Herzen himmelwärts.

Singt es ihm nach, ihr Schmerzenssöhne,
Wenn untreu euch das Glück gefloh'n,
Und bald läßt es durch seine Töne
Euch von des Allerbarmers Thron
Des Trostes Engel niederzieh'n
Und Angst und Gram und Sorgen flieh'n.

Singt, betet, geht auf Gottes Wegen
Und thut das eure nur getreu,
Und traut des Höchsten reichem Segen,
So wird er bei euch werden neu.
Denn welcher seine Zuversicht
Auf Gott setzt, den verläßt er nicht.

Endlich aber bietet außer G. Nieritz auch A. Höhne (Kernlieder der evangelischen Kirche nach ihrer besondern Veranlassung 2c. Berlin 1854) die nämliche Erzählung, für den Schulgebrauch bestimmt, folgender-gestalt dar:

Wer nur den lieben Gott läßt walten.

Während alle Drangsale des dreißigjährigen Kriegs über das liebe, deutsche Vaterland hereinbrachen und seine gesegneten Fluren zur öden Wüste umwandelten, lebte Georg Neumark unter den günstigsten Ver-hältnissen in einer Stadt in Preußen, welches die Kriegsnot kaum berührt hatte. Sobald aber die Kunde des Friedens zu seinen Ohren gedrungen war, wollte er sich nach seinem lieben Deutschland zurück-begeben. Er nahm seine Reise über Hamburg mit dem Vorsatze, hier eine Zeitlang zu verweilen.

Ein kleines, schmuckloses Stübchen, das er für einen geringen Preis gemietet hatte, nahm den Angekommenen auf. Wie eingezogen er nun auch lebte, so schmolz doch das wenige Geld, welches er sich erspart, täglich mehr zusammen, und er sahe sich bald in die bitterste Not verstoßen. In seinen trüben Stunden, wenn ihm jede Freude zu fliehen schien, setzte er sich stille nieder und sang ein gottvertraulich Lied, das er mit seiner Kniegeige begleitete. Dieses Instrument war ihm das liebste auf der Welt, und er spielte es auch mit ausgezeichneter Fertigkeit. Täglich hoffte er eine Beschäftigung zu finden, durch welche er sich seinen Unterhalt erwerben könnte. Aber jede Bemühung war umsonst, jede Hoffnung schien endlich aus seinem Geiste schwinden zu müssen. Da saß er oft wohl tagelang auf seinem einsamen Zimmer und verzehrte das Stückchen Brot, das er sich noch kaufen konnte. Heiße Thränen weinte er hier im Verborgenen, und ein stilles Gebet zu seinem himmlischen Vater durchleuchtete sein trauriges Herz. Endlich aber trieb ihn der Hunger zu dem schwersten Schritte, da er beinah mehrere Tage nichts zu essen gehabt hatte. Komm, sprach er, seine teure Geige nehmend, du einziger Trost in meinem Leiden, komm, teure Geige, auch uns will das Geschick trennen. Zum letzten Male wollte er spielen, aber kein tröstender Ton wollte von ihr erklingen.

Mit feuchten Augen nimmt er sie dann und trägt sie zu dem Pfandleiher, von dem er für dies schöne Instrument so viel bekommt, seinen Hunger stillen zu können. Er geht nun, um sich zu stärken. Keine Speise will ihm schmecken, kein Trank kann ihn erfreuen.

Hinaus denn, sprach er in seinem Herzen, in die freie Welt des lieben Vaters; wo der heitere Himmel mir die ewige Güte verkündigt, wo die Böglein des Ewigen Gnade preisen, wo jedes Blümlein der Flur dir zuruft: Gott sorgt für uns und kleidet uns mit Pracht und Herrlichkeit! Allein heute verstand sein betrübtes Herz ihre Sprache auch nicht, und er kehrte ebenso betrübt, als sich der Abend auf die Fluren senkte, zurück in die Stadt, wie er hinausgegangen war.

Mit gesenktem Haupte und langsam durchschritt er die Spaziergänge der Stadt, als ihn plötzlich ein Mann auf die Schulter klopfte und ihn so anredete: Warum so traurig, mein lieber Freund! Ach, mein Leiden ist so groß, versetzte Georg, daß ich es niemand klagen kann. Vielleicht erwiderte der Fremde, kann ein Mann, der nicht minder von Sorgen gedrückt wird als sie, durch seine Teilnahme die Leidenslast mindern. Darauf erzählte ihm Neumark seine Not, der Fremde aber nahm ihn tiefgerührt bei der Hand und forderte ihn auf, ihm zu folgen bis zu seiner Wohnung. Still schritten sie neben einander her, als der Fremde zu Neumarks Verwunderung

vor einem prächtigen Hause stehen blieb und diesen aufforderte, einzu-
treten. Dort zeigte er ihm einige Schriften mit der Anfrage, ob er sich
getraue, diese in einem ordentlichen Aufsatz zusammenzubringen. Auf
die Antwort Neumarks, daß er es versuchen wolle, übergab ihm dieser
die Schriften und entließ ihn.

Neumark that es. Kaum waren einige Stunden vergangen, als er
mit dem vollendeten Schriftstück wieder eintrat und es dem Herrn übergab, welcher der Gesandte aus Schweden, Namens Rosenkranz, war.
Dieser ließ es in Gegenwart seiner Räte vorlesen und alle freuten sich
über das gelungene Werk.

Der Gesandte beschenkte ihn so reichlich, daß er einige Zeit vor
seinen Nahrungssorgen sicher sein konnte und nahm ihn sogar in seine
Dienste und wies ihm prächtige Zimmer zu seiner ferneren Wohnung
an. Voller Freuden nimmt Neumark das Geld, läuft zum Pfand-
leiher, löst seine Geige ein und geht nicht erst in seine neue, herrliche
Wohnung, sondern in sein einsames Stübchen und singt hier dem lieben
Gott das schönste Lied, das wir heute noch gern lesen und singen:
„Wer nur den lieben Gott läßt walten!"

Da der Verfasser nicht gleich anfangs allgemein bekannt war, so
fehlte es nicht an Leuten, die sich den Ruhm desselben anmaßten.

In der Vorrede zu den „Geistlichen Arien" (1675) erzählt
Neumark selbst, wie er habe sehen und hören müssen, daß einige Groß-
deuchter ihm solches Lied abgesprochen und für ihre eigne Arbeit aus-
zugeben sich unterstanden, also, daß einst eine herumvagirende Dirne
vor seine Thür gekommen und ermeldetes Lied ganz zerstümpelt und
mit zwei andern eingeflickten Strophen abgesungen, und nachdem er sie
befraget, wo sie das Lied herbekommen, sie ihm zur Antwort gegeben,
es hätte es ein vornehmer Pfarrer in Mecklenburg gemacht."

Erst hierauf nahm Neumark sein Lied öffentlich in Anspruch und
bewies, daß er der Dichter sei.

II. Der Inhalt des Liedes*) ist durch und durch biblisch; jede Zeile
erinnert dem Sinn und oft auch den Worten nach an eine Schrift-
wahrheit. Die Sprache aber ist ungesucht, kräftig, rein und echt deutsch,
körnig, vielfach sententiös (in den Schlußzeilen stets), dabei aber doch
warm, herzlich und tröstlich.

Und so ist das Lied ein wirksames Mittel gegen das schädliche
Sorgen und eine kräftige Aufmunterung zum Gottvertrauen in der Not.

---

*) Als Originallesart ist zu beachten: Str. 1, Z. 3: „Der wird Ihn
(Gott) wunderlich erhalten" (= bekommen). S. hiezu Str. 4: „So kommt
Gott, eh' wir uns versehn rc."

Es läßt sich in ihm ein Herz vernehmen, das aus Erfahrung reden kann, das in der Zeit der Drangsale auf Gott vertraut hat und mit seiner Hoffnung nicht zu Schanden geworden ist. „Was aber der Dichter erlebt hat", sagt D. Greiner*), „das erscheint ihm nicht als etwas Vereinzeltes oder Zufälliges, sondern als etwas Allgemeines und Gesetzmäßiges. Darum singt er: „Wer nur auf Gott vertraut, der hat auf keinen Sand gebaut". Von dieser Wahrheit überzeugt, kann er auch Armen und Betrübten recht zusprechen, auf den lieben Gott ihre Zuversicht zu setzen"**).

In den alten Würtembergischen Gesangbüchern steht noch eine 8. Strophe am Schlusse des Liedes.
Sie lautet:

> Auf dich, mein lieber Gott, ich traue,
> Ich bitt', Herr Christ, verlaß mich nicht,
> In Gnaden meine Not anschaue,
> Du weißt gar wohl, was mir gebricht.
> Schaff's mit mir, wiewohl wunderlich,
> Durch Jesum Christum seliglich.

Diese Strophe hat den Generalsuperintendenten Valentin Sittig in Merseburg († 1681) zum Verfasser; und eine 9. Strophe endlich, ein versifiziertes „Vater unser", fügte Joh. Seb. Christ, Consistorial- und Regierungsrat zu Coburg, auf besonderes Begehren Herzog Bernhards des Frommen († 1706) für die Privatandacht bei.
Sie lautet:

> O Vater unser in der Höhe!
> Geheiligt werd' dein Nam' allzeit;
> Dein Reich zukomm', dein Will' geschehe,
> Das täglich Brot bescheer' uns heut,
> Vergieb' die Sünd', Versuchung wehr',
> Und alles Übel von uns kehr'.

III. Die **Melodie** ist von Neumark selbst erfunden. Er stellt ihr ein Vorspiel für zwei Geigenstimmen und einen Baß voran, in welchem das erste Motiv der Weise imitierend erklingt. „Es läßt sich freilich nicht leugnen," sagt von Winterfeld (Der ev. Kirchengesang, Leipzig 1845), „daß jene gläubige Zuversicht, die das Lied durchweht, in dieser Melodie wenig austönt, daß etwas Trübes, Gedrücktes in ihr ist, das uns gegenwärtig vielleicht deshalb nur nicht mehr auffällt, weil sie durch lange

---

*) „Unser Schul-Liederschatz". Stuttgart, Chr. Belser 1875.

**) Wir verweisen an dieser Stelle auf die Erklärungen des Liedes, welche in den einschlägigen Werken von Koch, Greiner, Schulze, Heine, Beyer, Triebel und Schulze, Leitriß, F. Knauth u. a. neuerdings erschienen sind.

Gewohnheit so sehr mit dem Liede eins geworden ist, daß wir bei ihr
an dieses, bei diesem an sie sogleich zu denken genöthigt sind. Es liegt
nicht an der weichen Tonart allein, sondern mit daran, daß sie nach
mäßiger Erhebung immer bald zurücksinkt." Dies zugegeben, muß doch
auch gesagt werden, daß im zweiten Teil das sorgenüberwindende Gott=
vertrauen recht hellen, sogar triumphierenden Ausdruck erhält. Dazu
gehört aber, daß sie in ihrer ursprünglichen rhythmischen Gestalt gesungen
wird; im ausgeglichenen Takt ist sie matt.

Um den, wie man meinte, zu düstern Ton zu mildern, wurden
zahlreiche Nebenmelodieen erfunden, die indes Neumarks Melodie nicht
verdrängen konnten. Sie hat sich erhalten bis heute, und wie Men=
belssohn Bartholby sie in sein Oratorium: „Paulus" aufnahm zu
den Worten: „Dir, Herr, dir will ich mich ergeben," so hat derselbe
Meister mit der ersten Zeile seiner schönen Komposition des Reiseliedes:
„Wem Gott will rechte Gunst erweisen" einen sehr feierlichen, wirkungs=
reichen Schluß gegeben.

Bemerkenswert ist endlich der Tonsatz, welchen Sebastian Bach
zu dem Liede in einer Kantate gegeben hat. Er streut dabei zwischen
die einzelnen Verszeilen des Liedes andere, gleichsam paraphrasierende
Verse ein*). Dort lautet dann u. a. Strophe 5:

> Denk nicht in deiner Drangsalshitze
> Wenn Blitz und Donner kracht
> Und dir ein schwüles Wetter bange macht,
> Daß du von Gott verlassen sei'st.
> Gott bleibt auch in der größten Noth,
> Ja gar bis in den Tod
> Mit seiner Gnade bei den Seinen.
> Du darfst nicht meinen,
> Daß der Gott im Schoße sitze,
> Der täglich wie der reiche Mann
> In Lust und Freude leben kann,
> Der sich mit stetem Glücke speist.
> Bei lauter guten Tagen muß oft zuletzt,
> Nachdem er sich an eitler Lust ergetzt,
> Der Tod dem Tropfen sagen:
> Die Folgezeit verändert viel!
> Hat Petrus gleich die ganze Nacht
> Mit leerer Arbeit zugebracht
> Und nichts gefangen,
> Auf Jesu Wort kann er noch einen Zug erlangen;

---

*) Siehe von Winterfeld (a. a. O.) T. III. S. 320 und Notenbeilage
Nr. 100.

Drum trau nur in Armuth, Kreuz und Pein
Auf deines Jesu Güte
Mit gläubigem Gemüthe;
Nach Regen giebt er Sonnenschein,
Und setzet jeglichem sein Ziel.

Evangelium und Epistel des 5. Sonntags nach Trinitatis, an welchem die Kantate zur Aufführung kam, gaben Bach den Stoff zu dieser Glossierung.

IV. Verbreitung des Liedes. Das Lied wurde schnell aller Orten bekannt und beliebt und ist es bis auf den heutigen Tag geblieben.

Man erzählt sogar folgende Legende mit Bezug hierauf. „Eine fromme Magd im Würtembergischen, Katharina Jähnin, habe dasselbe, noch ehe sie etwas davon gewußt, im Traume von den Engeln aufs allerlieblichste singen hören."

Die Begier, mit welcher das evangelische Volk diesen Gesang aufnahm, erinnert an die Innigkeit der ersten Liederfreude in den Tagen der Reformation.

So war im Jahre 1672 zu Brandenburg ein zugewanderter Bäckergesell in Arbeit getreten, der dieses Lied täglich bei den Verrichtungen seines Berufs zu singen pflegte. Dies gefiel den Leuten dergestalt, daß viele, nur um das Lied zu hören, bei dem Meister dieses Gesellen backen ließen, wodurch der Meister, der zuvor ziemlich in Armut gesessen, in recht gute Kundschaft kam. Von der Zeit an wurde dieser Gesang in der ganzen Stadt bekannt und bald allgemein eingeführt (Schimmer: „Erquickstunden", 1687.)

Aber auch in katholischen Gesangbüchern ist das Lied zu finden, freilich stark verändert. („O mein Christ, laß Gott nur walten.") Im würtembergischen israelitischen Gesangbuche steht es ebenfalls.

Als im Jahre 1742 in Breslau der Friede zwischen Preußen und Österreich geschlossen war, prägte man in Breslau eine schöne goldene Medaille, auf welcher u. a. folgende Worte standen: „Es kömMt Gott, eh VVir Vns Versehn, VnD Lässet Vns VIeL gVts gesChehn."

Teils in früherer, teils in neuerer Zeit wurde das Lied in verschiedene Sprachen übersetzt, so daß es, wie Greiner (a. a. O.) bemerkt, überall da bekannt ist, wo man sich mit dem deutsch-evangelischen Kirchenliede befreundet hat. Es heißt holländisch: „Al wie den goeden God laat zorgen" 2c.; schwedisch: „Min själ och sinne! lat Gud rada" 2c.; englisch: „He that confides in his creator" 2c.; französisch: „Qui met en Dieu son espérance" 2c.; eskimoisch: „Gudemut tettetuakartok" 2c. und die lateinische Übersetzung des J. G. Petschelius heißt:

„Qui Deum sinit dominari" 2c., eine andere aber, von einem Unbekannten:
„Qui spem et sortem collocavit"*).

V. Segensspuren des Liedes.

1.

In dem Feldzuge von 1866, wo die Preußen und Württemberger am
Main hart an einander gerieten, befand sich unter den letzteren ein
Obermann, welcher den Seinen schrieb: „Vorgestern wohnte ich einem
Gottesdienste bei und wurde davon sehr erbaut. Der Pfarrer sprach
von Herzen und ließ zum Schluß singen:

> „Sing, bet und geh auf Gottes Wegen,
> Verricht' das Deine nur getreu
> Und trau des Himmels reichem Segen,
> So wird er bei Dir werden neu.
> Denn welcher seine Zuversicht
> Auf Gott setzt, den verläßt er nicht."

Am Abend habe ich dies gleich erfahren. Als wir ins Quartier kamen,
wollte sich für mich keins finden; da nahm mich ein Bürger freundlich
auf zu den zehn, die er schon hatte. Lieber Vater, liebe Mutter —
vielleicht das letzte Mal schreibe ich diese mir so teuern Namen. Doch
nur in festem Glauben fortgesungen:

> Denn welcher seine Zuversicht
> Auf Gott setzt, den verläßt er nicht.

2.

Die Gemahlin des Kurfürsten Johann Georg II. von Sachsen,
Magdalena Sybilla, hielt dieses Lied so hoch, daß sie es zu ihrem
Kalender drucken ließ und es alle Abend und Morgen andächtig sang
oder, wenn sie das wegen Krankheit nicht vermochte, durch andere
thun ließ.

Friedrich Wilhelm I., König von Preußen, befahl, dieses Lied
solle bei seiner Beerdigung gesungen werden, indem er noch beifügte:
„Von meinem Leben und Wandel, auch Aktionen und Personalien soll
nicht ein Wort gedacht, dem Volke aber gesagt werden, daß ich solches
expresse verboten habe, mit dem Beifügen, daß ich als ein großer und
armer Sünder stürbe, der aber bei Gott und seiner Huld Gnade suche.
Überhaupt soll man mich in solchen Leichenpredigten nicht verachten,
aber auch nicht loben."

---

*) Eine das Lied entwürdigende Parodie im Chemnitzer Proletarier-Lieder-
buche beginnt: „Wer nur den lieben Gott läßt walten und zahlt die Steuern
allezeit" 2c. (Greiner a. a. O. S. 541).

Herzog Bernhard der Fromme (f. o. S. 56) befahl, dieses Lied kurz vor seinem Ende zu singen, welches denn auch geschah. Er sang es selbst mit und verschied darauf sanft und selig.

3.

Erhebend erklang dieses Lied im Sommer 1850 als „ein Gesang über den Wassern". Da zogen nämlich vom Rheine her zwei Bauersleute, denen es in der Heimat nicht mehr behagte, nach Amerika. Nun gefielen zwar anfangs den Zweien die Meereswunder nicht wenig, aber wie es alle Tage dasselbe gab und kein Ende nehmen wollte, ward ihr Mut gar geringe. Oft saßen sie bei einander oben auf dem Schiffsboden und sahen mit trübseligen Blicken hinunter in die See und hinaus, wo sie hergekommen waren. Also waren sie auf dem Verdeck an einem Sonntagsmorgen wieder einmal beisammen. Da sagte der eine: „Ich hätte es mein Lebtage nicht geglaubt, daß einem der Sonntag so weh thut und die Seele drückt, wenn man ihn nicht hat." Und wie sie daran in ihren Herzen gedachten, ward es ihnen inwendig heiß und weich zum Weinen. Da stand der andere auf und ging an seine Kiste, nahm eine Bibel und ein Gesangbuch heraus und kam wieder zu seinem Kameraden, las die Epistel und das Evangelium desselben Sonntags vor, und darauf betete der andere den Glauben. Darnach schlugen sie das Gesangbuch auf und huben an mit lauter Stimme zu singen: „Wer nur den lieben Gott läßt walten." Es waren aber noch andere Auswanderer aus Deutschland auf dem Schiffe. Wie sie das deutsche Kirchenlied hören mitten auf dem Meer, geht ihnen das Herz auf, und sie kommen herzu und stellen sich im Kreise um unsere beiden Bauersleute, entblößen ihr Haupt und singen mit: „Wer nur den lieben Gott läßt walten." Und der Gesang kam kräftiger aus Herzensgrund und schallte weithin in die See hinaus und das Meer rauschte darein wie eine Orgel. Da schwebte der Geist Gottes auf den Wassern. Die beiden Bauersleute und die andern hatten sich das Trauern aus der Seele herausgesungen und es war ihnen selig zu Mut, als wären sie daheim im Vaterlande. (Lauxmann: Die Kernlieder unserer Kirche im Schmuck der Geschichte. Stuttgart, Chr. Belser, 1876.)

4.

Henriette Mühlmann war in ihren jungfräulichen Jahren ohne allen äußern Grund zur Schwermut nicht wenig geneigt. Da hörte sie eines Tages einen Hirtenknaben auf freiem Feld den Vers singen: „Wer nur den lieben Gott läßt walten und hoffet auf ihn allezeit, den wird er wunderlich erhalten in aller Not und Traurigkeit. Wer Gott dem Allerhöchsten traut, der hat auf keinen Sand gebaut." — Sie stimmte leise

in den Gesang ein und wurde auf einmal so freudig und getrost, daß
sie ihre Thränen trocknete und in ihrem Herzen sich wie neugeboren
fühlte. — Als Verlobte erzählte sie dies hernach ihrem Bräutigam, dem
seligen Gotthilf Heinrich von Schubert, um ihn in einer sorglichen Lage
aufzuheitern. (Schubert, Selbstbiographie. T. II.)

5.

Mit denselben Klängen verließ im Jahre 1853 eine Anzahl frommer
Jünglinge als Heidenboten das liebe deutsche Vaterland. Der wackere
Pastor Harms zu Hermannsburg in der Lüneburger Heide hatte näm=
lich in seiner Gemeinde, welche 4000 Seelen zählte, einen eigenen
Missionsverein gestiftet und ein eigenes Missionshaus gegründet, um
selbst Missionare heranzubilden, ja ein eigenes Missionsschiff gebaut und
mit Missionaren zu den heidnischen Gallas in Mittelafrika gesandt.
Dieses Schiff, welches 13000 Thaler kostete, wurde am 27. September
1853 zu seiner ersten Fahrt geweiht. Aus lauter milden Beiträgen war
die Summe zusammengebracht, und die Gemeinde hat den sechszehn
Jünglingen noch große Vorräte mitgegeben. Am 28. Oktober fuhr die
„Kandaze" vor Brunshausen vorüber, einem Flecken bei Stade an der
Elbe. Auf der Decke des schmucken Schiffes standen die Missionare.
In ihren Händen hielten sie die Posaunen, die sie in Hermannsburg
zum Gesange der Gemeinde zu blasen pflegten. Und sie setzten die
Posaunen an ihren Mund und über die Wasser scholl der Choral: „Wer
nur den lieben Gott läßt walten." So grüßten die lieben Jünglinge
zum letzten Male ihre deutsche Heimat. (Lauxmann a. a. O.)

6.

Eine ostfriesische Mutter Schuirmann mit Namen, war frühe Witwe
geworden und hatte mancherlei Widerwärtigkeiten durchzumachen. Eines
Sonntags, da sie vom Tisch des Herrn heimgekommen war und nun
tiefbetrübt in ihrem Stübchen saß, fragte sie ihr Töchterchen, die kleine
Tjalda: „Mutter, was fehlt dir?" Sie antwortete: „Mir fehlt nichts;
aber sieh, ich habe in der vergangenen Woche viel Verdruß gehabt, und
heute bin ich zum heiligen Abendmahle gewesen; das stimmt mich so
ernst." Stillschweigend liefen die Kinder weg, aber nach einer Weile
sprang ihr Sohn Elias ganz erfreut herbei und sagte: „Sieh, Mutter,
da haben wir eben den Vers für dich gelernt:

> Man halte nur ein wenig stille
> Und sei doch in sich selbst vergnügt,
> Wie unseres Gottes Gnadenwille,
> Wie sein' Allwissenheit es fügt.
> Gott, der uns ihm hat auserwählt,
> Der weiß auch sehr wohl, was uns fehlt.

7.

Als Graf Zinzendorf sich für die im großen Gedränge befindliche Brüdergemeinde großmütig verbürgt und ihren Gläubigern die Abtragung der Zinsen der Gesamtschuld versprochen hatte, drohte ihm 1753 zu London einer der Gläubiger mit dem Schuldgefängnis, weil ein von dem Schuldner erwarteter Wechsel nicht zur bestimmten Zeit eingetroffen war. Der Graf hielt sich dazu bereit, aber gerade, als er ins Gefängnis abgeführt werden sollte, brachte das Packetboot, das bei ungewöhnlich günstigem Wind viel früher als sonst ankam, die erwünschte Summe. Da übergab er sie seinem Gläubiger. Es war aber an demselben Tage „die Losung" der Schluß der Strophe:

> „Er kennt die rechten Freudenstunden,
> Er weiß wohl, wenn es nützlich sei;
> Wenn er uns nur hat treu erfunden
> Und merket keine Heuchelei,
> So kommt er, eh' wir's uns versehn,
> Und lässet uns viel Guts geschehn.

8.

Die sechste Strophe wurde einmal von der Volksstimme als Ausdruck eines Gottesgerichts verwendet.

Gegen das Ende des siebzehnten Jahrhunderts lebte in einer namhaften deutschen Stadt ein sehr reicher Mann. Weil er aber sein Gut durch Betrug an sich gebracht, verschwand es auch wieder; und er wurde vor seinem Ende so arm, daß er fast das Brot vor den Thüren suchen mußte. Als er nun gestorben war und seine Verwandtschaft ihm ein schwarzes Kreuz auf sein Grab hatte setzen lassen, wurden des Nachts nach seinem Begräbnis die Worte an das Kreuz mit weißer Farbe geschrieben:

> „Es sind ja Gott sehr schlechte Sachen
> Und ist dem Höchsten alles gleich,
> Den Reichen klein und arm zu machen,
> Den Armen aber groß und reich.
> Gott ist der rechte Wundermann,
> Der bald erhöhn, bald stürzen kann."

Die Verwandten wollte dies nun freilich sehr verdrießen, also daß sie bei der Obrigkeit klagten; diese aber befahl, die Worte sollten stehen bleiben, wo sie stehen, damit andere ein Exempel daran nehmen. (Avenarius: „Liederkatechismus".)

B. Denksprüche.

1.
Mut im Unglück.

Dann, dann steh' als ein Bau, laß dann dein Herze blicken,
Wenn dein Verhängniß tobt! Es wettre, wie es will,
So halte mit Geduld in solchem Sturme still!
Es wird sich dermaleinst zu deinem Besten schicken.

2.
Ergebung.

Wie es geht, so laß es gehen,
Weil des Höchsten Wille steht,
Daß es also, wie es geht,
Will und soll und muß geschehen.

3.
Das Himmelsschlüsselchen.

Die werth' Anemone, die Tulipen und Nelken,
Wie schön sie immer sind, sie müssen doch verwelken;
Das Himmelsschlüsselchen kann aber nicht vergehn, —
Ich meine Gottesfurcht — die, die bleibt ewig stehn.

4.
Spruch.

Einer ist des Andern Wolf, Einer ist des Andern Teufel;
Also sind die Menschen selbst ihr Verderben ohne Zweifel.

5.
Der schlimmste Feind.

Niemand reizt dich mehr, als du, eine Sünde zu begehen:
Darum hast du dich zumeist vor dir selber vorzusehen.

6.
Wer Gott vertraut, hat wohlgebaut.

Wer in Betrübniß steckt und nur auf Gott vertrauet,
Der bricht doch endlich durch und hat sehr wohlgebauet.

8.
An die Jugend.

Mensch, nimm den Rathschlag ein,
Lerne Tugend
In der Jugend:
Die wird dir nachmals sein
Im Alter
Dein Erhalter.

8.

Gottes Wort die Himmelsleiter.

Gott hat uns durch sein Wort
Die Leiter selbst gezeigt,
Worauf ein Christenherz
Zum wahren Himmel steigt.

9.

Gottes Wort bleibet in Ewigkeit.

Die ganze weite Welt
Die soll und muß vergehen:
Nur Gottes reines Wort
Das bleibet ewig stehen.

10.

Erst wieg's, dann wag's.

Was man will einmal thun,
Das soll man lang erwägen
Und solches mit Vernunft
Und Recht wohl überlegen.
Dann geht der Anschlag an
Und schafft den Sachen Ruh.
„Ich hätt'-es-nicht-gemeint*)!"
Steht keinem Weisen zu.

---

*) Opitz sagt in seinem großen „Trostgedicht in Widerwärtigkeit des Krieges" ganz ähnlich: Ein weiser Mann sagt nicht: „Ich hätt' es nie vermeinet!"

Anmerkungen.

---

¹) Die Stadt, ursprünglich ein Dorf, welches schon im 8. Jahrhundert als ein namhafter Ort existiert, hieß früher wie der Bach, der sie durchströmt, nur Saltza, hat aber im Volksmunde wegen ihrer Lage längs des Baches allmählich den Namen Langensalza angenommen. Seit dem Ende des sechzehnten Jahrhunderts ist dieser Name auch amtlich anerkannt worden; so beispielsweise im Jahre 1579 in der Konkordienformel. Immerhin ging dieser neue Name doch erst später in die Urkundensprache über. (G. Sommer: Beschreibende Darstellung der älteren Bau- und Kunstdenkmäler des Kreises Langensalza. Halle, 1879, und Göschel: Chronik von Langensalza. Th. II. S. 173 ff. u. 253.)

²) Die Schreibung des Namens unseres Dichters ist in den Kirchenbüchern von Langensalza oft bei ein und derselben Person eine sehr verschiedene. So begegnen dort u. a.: „Neumarkt, Neumarkt, Neumargk und Newmargk." Den Vater Georgs findet man in Langensalza bald Neuwmarkt, bald Neuwmarckt, in Mühlhausen aber stets Neumarck geschrieben. Die Schreibung Neumarkt könnte übrigens anzunehmen veranlassen, daß die Familie in Beziehung gestanden habe mit jenen ritterlichen Dienstnamen der Herren von Saltza, die schon im Mittelalter unter dem Namen Nůwenmarthe oder N° wenmarte de novo Foro" in Saltza begegnen. (cfr. Dr. Herquet und Dr. Schweineberg: „Urkundenbuch der ehemal. freien Reichsstadt Mühlhausen"; besgl. „Register des Geschlechts Salza"; Leipzig 1853.)

³) Dr. Salomon Plattner (Plathner), der Großvater Georgs mütterlicherseits, spielte in der letzten Hälfte des sechzehnten Jahrhunderts in der Verwaltung, namentlich aber bei der Ordnung der Religionsangelegenheiten Mühlhausens i. Th., sowie später auf nämlichem Gebiete in Sondershausen und Stolberg eine sehr hervorragende Rolle. Er starb im Jahre 1604 in Langensalza, wohin er sich nach seinem Ausscheiden aus dem gräflich Schwarzburgischen Dienste zurückgezogen hatte, und hinterließ außer der Mutter G. Neumarks, Martha, noch zwei Söhne, von denen weiter unten die Rede sein wird. (Siehe: O. Plathner: „Die Familie Plathner." Berlin 1866.)

⁴) Das Haus, in welchem G. N. geboren wurde, läßt sich heute leider nicht mehr ermitteln. Die Familie hat, wie die Kirchenbücher ergeben, jeweilig in verschiedenen Straßen gewohnt.

⁵) Die Familie Gutbier existiert noch jetzt in Langensalza und das Gewerk der Tuchmacher stand dort vor Alters in hohem Ansehen. Die betr. Innung be-

faß große Kapitalien. (Seidemann: „Geschichte der Familie Gutbier". Dresden 1867.)

⁶) So berichtet ein Mühlhäuser Chronist, „daß im Jahre 1633 am 29. September die meisten Bürger von Langensalza anherokommen, aus Furcht für den Kayserlichen Völckern, so um Jäna (Jena) herumstreifften."

Übrigens hatten schon in den Jahren 1620 bis 1623 sowohl das Unwesen der Kipper und Wipper, als namentlich auch wiederholte starke Einquartierungs= last seitens der roten Reuter („Roträcke") ꝛc. den Aufenthalt in Langensalza ziemlich ungemütlich gemacht. (Vgl. Chronik von Langensalza, von Göschel und Hentschel.)

⁷) Die in Mühlhausen alljährlich wiederkehrende Feier des Popperodaer Brunnenfestes, wahrscheinlich kurz vor Beginn des dreißigjährigen Krieges zum ersten Male begangen, hat sich zu allen Zeiten einer großen Beliebtheit erfreut. „Weil der Brunnen" — er liegt etwa eine halbe Stunde weit west= lich von Mühlhausen — „der Stadt vielen Nutzen schafft und so vieles und so vortreffliches Wasser giebt, begeht man, auch jetzt noch, die Feier aus Dank gegen Gott." Sie ist ein Volks=, zumal aber ein Kinder= fest im schönsten Sinne des Wortes. (Altenburg: Topographisch=historische Beschreibung der Stadt Mühlhausen i. Thür., 1824.)

⁸) Schon in seinen Studienjahren pflegte sich Neumark nach der Sitte jener Zeit als Dichter „Thyrsis" zu nennen. Es ist dies der Name eines der bukolischen Dichter des griechischen Altertums, wie die Verfasser von Hirten= oder Schäfergedichten genannt wurden.

⁹) Unsterstrand = Ufer der Unstrut. Darauf wird der Pregelfluß genannt und Königsberg ist gemeint.

¹⁰) Gottfried Plattner, Sohn von Salomon P. (s. Anm. 3), Consul Mulhusinus, baptizatus 18. Jan. 1588; electus in senatum 7. Januarii 1633, electus consul 7. Jan. 1639, denatus 14. Maji 1652. Durch ihn, der in erster Ehe mit Susanna Magdalena Schmied, in zweiter mit Martha Christina Helmbold verheiratet war, ist die Familie Plattner bis in die neueste Zeit in Mühlhausen heimisch geworden.

¹¹) Es läßt sich kaum bezweifeln, daß nicht sowohl Langensalza, als viel= mehr Mühlhausen gemeint ist, wenn wir N. fernerweit in einem Liede („Fort= gepfl. Lustgarten", Abth. I. S. 444) sagen hören:

> „Nun ist die Zeit herbeigekommen,
> Daß ich die liebe Vaterstadt
> Einmal zu sehn mir vorgenommen,
> Die mich der Welt geboren hat;
> Und wo mir recht, so sind schon hin
> Neun Jahre, daß ich von ihr bin."

Bemerkt sei gleich hier, daß N. wiederholt in der Angabe seines Geburts= jahres irrt. Er sagt zum öftern, er sei im Jahre 1622 geboren.

In einem Briefe (a. a. O. S. 437) schreibt N. ferner: „Weil ich nun endlich einmal, nach viel tausend gegen Himmel geschickten Seufzen, das geliebte und nunmehr, Gott Lob, befriedigte Vaterland zu besuchen ge= denke, damit ich der lieben Meinigen und des Meinigen Zustand er=

fahren möge" u. f. w. — Wir meinen, feine Sehnfucht nach einer Rückkehr nach Mühlhaufen müffe fehr groß gewefen fein.

12) Die Schriftzüge des hier fehlenden Namens laffen fich in dem betreffenden Trauregister der Marienkirche in Mühlhaufen fchlechterdings nicht entziffern. Aus der erften Ehe Michael Neumarks waren in Mühlhaufen noch entfproffen ein Sohn: Anton Salomon (1624) und eine Tochter: Martha Dorothea (1627).

Neumarks, des Vaters, Wohnhaus, die „güldene Sonne" war damals einer der erften Gafthöfe der Stadt. Dort verftarb Michael N. und wurde „mit großem Geläute" begraben, woraus auf feine Wohlhabenheit zu fchließen ift.

13) Es wird auch Ofterode am Harze genannt, deffen Gymnafium N. befucht haben foll. Doch fehlen die Beweife hierfür. Dagegen fteht, wie wir nachträglich ermittelt, urkundlich feft, daß N. zugleich mit feinem jüngeren Bruder Anton Salomon (geb. zu Mühlhaufen i. J. 1624) das Schleufinger Gymnafium befuchte. Er faß bei Reyhers Amtsantritt dafelbft in Quinta und erfcheint in der Matrikel zuletzt im Frühjahr 1636 als alter Tertianer. (cfr. Feftfchrift des K. Pr. Hennebergfchen Gymnafiums zu Schleufingen zur Feier des 300jähr. Jubiläums. Meiningen 1877.)

14) Zwei Schreiben von Weitz unterm 17. September, resp. 2. Oktober 1641 an Georgs Oheim, Günther Heinrich Plattner, Hof- und Konfiftorialrat in Weimar, gerichtet, erwähnen den Abgang Neumarks von Gotha. (Plattner a. a. O. S. 154.)

15) Siehe: „Thränendes Haus-Kreutz" 2c., deffen S. 26 noch näher Erwähnung gefchieht. Dies Schriftftück, von hoher Wichtigkeit für die Biographie des Dichters, befindet fich in der Großherzogl. Bibliothek zu Weimar und ift von Hoffmann von Fallersleben zuerft veröffentlicht in „Weimarifches Jahrbuch für deutfche Sprache, Literatur und Kunft". Bd. III. Hannover 1855, S. 176 sqq. — Vgl. auch: L. Preller: „Weimar und Jena vor zweihundert Jahren." (Zeitfchr. für thüring. Gefchichte und Altertumskunde, Bd. II. S. 1 sqq.)

16) Über die „Schäferei" (das Schäfergedicht) „Belliflora" f. w. u. Abth. II. Näheres.

17) Durch die Güte des Herrn Dr R. Reicke in Königsberg erfahren wir nachträglich, daß das Album der dortigen Univerfität Tom. I. pag. 866 unfern Dichter folgendermaßen aufführt:

21. Junii (1643) Nr. 114 Georgius Neumark, Longosalissius. Thur; spoliatus, jur. 00."

Als Spoliatus (d. i. als ein Beraubter) — f. o. S. 9 — leiftete er den Eid und zahlte keine Immatrikulationsgebühren.

Bemerkenswert ift, daß N. hier doch auch einmal Langenfalza als feinen Geburtsort bezeichnet.

18) Die beregte Feuersbrunft anlangend, fo gefchieht derfelben bei keinem Chroniften Erwähnung.

Betreffs der Peft aber, die im Jahre 1649 in Königsberg auftrat, wird von Ludwig von Baczko mitgeteilt: „Im Jahre 1649 herrfchte allhier ein bösartiges Fieber, befonders unter den ftudierenden Convictoriften (Freitifchgenoffen)." Näheres von hohem Intereffe hierüber berichten: „Statuta et Acta.

Facult. Philos. in Acad. Regiom. Tom. I. p. 520 sqq." Es ergiebt sich aus diesem Aktenstück, daß am Schluße der Osterferien unter den Genossen des gemeinsamen Convicts 40 derselben innerhalb dreier Tage bettlägerig krank wurden. Sie empfanden anfangs eine gewisse Schlaffheit der Glieder, verbunden mit einer anhaltenden innerlichen Hitze, worauf Durst, Schlaflosigkeit, Delirium und endlich der Tod folgte. Die Krankheit spottete jeder ärztlichen Wirksamkeit und nur wenige Patienten kamen mit dem Leben davon. Die Ursache der Seuche anlangend, so geriet zunächst der Ökonom in Verdacht, daß er, einem umgehenden Gerücht zufolge, Fleisch von krankem Vieh den Convictgenossen als Speise vorgesetzt habe. Die Familie des Ökonomen wurde wiederholt vom Senat vernommen und der betreffende Fleischer einige Wochen ins Gefängnis geworfen. Da sich jedoch keine rechten Beweise der Schuld herausstellten, erklärte man die Krankheit schließlich für ein anhaltendes Faulfieber. Die Ärzte und die Professoren der Heilkunde disputierten vielfach über die Seuche, der übrigens auch einige namhafte Männer zum Opfer fielen. So u. a. ein M. Ulrich Schönberger, „ein Wunder des Jahrhunderts", da er, in zarter Jugend erblindet, einzig durch Anhören von Vorlesern ungewöhnliche Kenntnisse sich erworben hatte. Schließlich zerstreute die Seuche die akademische Bürgerschaft, indem die Studenten, sich vor ihr zu schützen, in die Heimat reisten, wodurch natürlich die Vorlesungen keine geringen Unterbrechungen erlitten.

Ausdrücklich wird noch bemerkt, daß M. Valentin Thilo und M. Simon Dach sich Tag und Nacht den Predigten und Gedichten auf den Tod der an jener Krankheit verstorbenen Studenten 2c. widmeten.

[19]) N. ging von Königsberg aus zuerst nach Thorn und dann nach Danzig, wie oben nachgewiesen. Nicht selten pflegt man den Besuch Danzigs jenem von Thorn vorausgehen zu laßen. Über den von Preller (s. Anm. 15) erwähnten Besuch Neumarks in Warschau und Jena, noch vor der Ankunft in Weimar, vermochten wir näheres nicht zu ermitteln.

[20]) In Abth. II. des „F. M.-P.-Lustgartens" S. 284 sagt N., „als sich die Zeit herbei nahete, daß Er von Thoren abreisen sollte", u. a.:

> So ist es denn an dem, daß ich von dir soll scheiden,
> Du ädles Thoren du, du andre Vaterstadt,
> Du Wohnhaus meiner Lust und zweibejahrten Freuden,
> Von dir, da mich so oft dein Thun ergetzet hat?
> Soll ich mich, schöner Ort, anitzo von dir reißen?
> Soll ich inskünfftige dich nimmer wieder sehn,
> Du wehrte Stadt, die du den Schlüßel von dem Preußen
> An deiner Seite trägst? Ach schwerlich wirds geschehn!
> So hab denn gute Nacht zu hundert tausend malen,
> Sei ewig unbetrübt, du hochbeliebte du! . . . .
> — Wohlan, so sei gegrüßt du wohlgebautes Thoren
> Mit aller deiner Lust, gegrüßet ohne Zahl,
> Welchs mir so oftermals so süße Lust geboren,
> Sei tausendmal gegrüßt und noch vielhundertmal!

[21]) Sollte Barthold (Geschichte der Fruchtbringenden Gesellschaft; Berlin 1848), als er Samuel Gerlach erwähnt, nicht vielmehr Jeremias Gerlach, den bekannten Opitzianer gemeint haben? Oder treffen beide Vornamen bei einer und derselben Persönlichkeit zu? — Nach H. Kurz sind die Dichtungen

des Jeremias G. „nicht ohne allen Wert der Erfindung und nicht ohne Schwung."

²²) Johann Rist, Pfarrer zu Wedel im Holsteinschen († 1667), war unter dem Namen „der Rüstige" Mitglied der F. G. und besaß nächst Opitz und Dach den höchsten Dichterruhm unter seinen Zeitgenossen. Er war der Verfasser von 650 geistlichen Liedern, von denen etwa 42 in die preußischen Gesangbücher übergegangen sind. R. widmet im II. Teil des F. L. S. 286 dem „am Elbenstrohme gelegenen Flecken Wedel" ein Gedicht zur Erinnerung an sein Verweilen daselbst, als „er in seiner Heimreise dahin zog und den edlen, weitberühmten und tiefsinnigen Herrn Johann Risten, seinen großen und hochverehrten Freund, besuchte."

²³) Adam Olearius war um 1651 unter dem Namen „Der Vielbemühete" Mitglied der F. G. in Weimar. (cfr. Barthold a. a. O. S. 326.)

²⁴) Wenn der Betreffende hin und wieder als Wilhelm IV. bezeichnet wird, so ist dies ein Irrtum. Er ist jener Wilhelm II., der im 30jährigen Kriege mannhaft für die Sache der Evangelischen eintrat. Sein älterer Bruder war Bernhard von Weimar; er selbst aber ist der Stammvater der neuesten Großherzoglich-Weimarischen Linie.

²⁵) Es existieren verschiedene Porträts des Dichters. So schmückt ein solches seine „Kleopatra", ein anderes seine „Geschichte der Fruchtbringenden Gesellschaft" und ein drittes rührt aus dem Jahre 1652 her. Er hielt sehr auf das Äußere seiner Erscheinung. In einem Briefe S. Birkens (12. Juli 1681) vom 12. Mai 1668 heißt es: Thyrsis beschwert sich, daß sein Contrefait (Konterfei, Porträt) am Titul seines Werkes über die F. G. ganz und gar nicht getroffen sei. Der Kopf wäre zu dick, die Nase auch zu lang und groß und das Haar gar zu schlecht. „Ich," schreibt er, „habe zwar kein gekräußeltes, doch auch nicht so gar Schneiderhafftig Haar; möchte ein wenig lockigter gestochen werden."

Das Porträt als Titelbild zur „Kleopatra" trägt folgende Unterschrift:

Adspice NEUMARCJ Faciem, dèm
    Plectra moventem
Audi, quaeq. Facit *Carmina* tersa lege;
Tum Candorem animi Fac noscas,
    Lector: amabis
Quem Musae Charites quem polière virum
        1651.   Joh. Peter Tits.

Zu Deutsch etwa:

  Sieh das Gesicht Neumarks, dann höre die Zither ihn schlagen,
  Lies die Gedichte, die er sauber und reinlich erschuf,
  Lerne sein lautres Gemüt drin kennen, um lieb zu gewinnen
  Ihn, den bildeten hold Musen und Grazien aus.   (W. Osterwald.)

²⁶) Im Fortgepflanzten Lustwald (Th. II. S. 288) feiert N. seine spätere Gattin in einem Geburtstagsgedichte, überschrieben: „Als Er seiner vertrauten Liebsten Jungfer Anna Margarethen Wernerin ein Angebinde übersendete."

Über jene „Karitilla", welche der Dichter im F. L. im Bilde vorführt und in einer Reihe von Gedichten, Erinnerungsversen ꝛc. schier überschwenglich feiert, ist Näheres nicht bekannt. Sie dürfte einem abligen Geschlechte angehört und zu der Zeit, als N. in Königsberg weilte, in oder bei Kiel gewohnt haben; sie verstarb übrigens früh. (Vgl. F. L. Abth. I. S. 385; Abth. II. S. 285 und S. 289; Abth. III. S. 43.)

27) N. reimt auf dies, sein „Schriftzeichen" (siehe unser Titelbild), den „braunen Nägelstock" im F. L. III. Abth. S. 31:

„Die braune Nägelblum nützt nicht dem Haupt allein
Und stärkt das matte Herz, Sie kan auch durch den Schein,
Das Sehn und den Geruch in süße Lust versetzen;
Es sollen auch die Versch' in ihrer Kunst bestehn,
Dz man bei ihrer Zierd' auch Nutzbarkeit mag sehn.
So heißet es denn recht: Sie nützen und ergetzen."

Außerdem aber fand dies Sinnbild noch folgende Deutung:

Auf Herrn Neumarks
schwarzbraunen Nägelstock
mit der Überschrift:
„Sie nützen und ergetzen."

Wie die Nelken uns zugleich zu der Lust und Nutzen blühen,
So stellt auch Herr Neumark an seiner Sinnen Kunstbemühen,
Damit jedem Nutz und Lust wxrd' im Lesen beigebracht,
Wenn Ihn wo die Poesie mit Vergnügen angelacht.
Zwar die Tulpe glänzet schön, doch nur ohne Nutzen pranget,
Manches schöne heilsame Kraut, sonder Schönheit uns belanget;
Aber dieses Dichters Kunst wird den Nelken gleich geschetzt,
Weil dieselbe beides nutzt und zugleich auch wohl ergetzt.

Rudolf Heinrich Ziegler.

28) Im Jahre 1673 schreibt N.: „Ich bin willens, selbst ein Pegnitzer zu worden, wenn der edle Floridan (Siegmund von Birken) den geringen Thyrsis zum Mit-Schäfer würdigen wollte. Ich bin zwar alt und habe das funfzigste Jahr erstiegen, jedennoch grünet bei mir die Lust zu solcher edlen Tugend-Kunst und Schäferey." — Sein Wunsch ging indes erst sechs Jahre nachher (1679) in Erfüllung, indem man ihn um diese Zeit als Thyrsis der Zweite oder der Obersächsische in das Verzeichnis der Gesellschaft aufnahm. Vgl. J. Tittmann: Die Nürnberger Dichterschule. Göttingen 1847.

29) Dies älteste Töchterchen, namens Marie Sophie und geboren den 15. Juli 1656, verstarb am 22. August 1658 wieder und zwar an den damals in Weimar grassierenden Blattern, zu denen noch Krämpfe (Morbus epilepticus) traten. Nicolaus Zapf, Dr. der h. Schrift und Fürstlich Sächsischer General-Superintendent 2c., hielt die Leichenrede am 24. ej. Dieselbe ist samt dem Lebenslaufe des Kindes im Druck erschienen bei Hofbuchdrucker Eyliker zu Weimar. (Siehe: Gräfl. Stolbergsche Bibliothek.) Der hochbetrübte Vater seufzte seinem Töchterlein nach:

(Nach den Worten Davids im 2. Buche Sam. 12, 23):

„Fahr hin, mein trautstes Kind, fahr meine Lust und Freude,
Du Deiner Mutter Herz! mein Trost und Augenweide,
Fahr hin! zu guter Nacht! Du kömmst in unsern Schoß
Nicht wieder; aber wir von diesen Banden loß.
Wir, sag ich, werden einst Dir nach und zu Dir fahren,
Vielleicht, wo Gott es heist, in kurtzen, kurtzen Jahren.
Ich sehne mich! ach sollt ich heute bei Dir sein,
Mit Dir zu schauen an der klaren Gottheit Schein."

Und der Großvater mütterlicherseits, Justus Werner, verfaßte nachstehendes Trostwort:

> Du wurdest, Selige, so bald von uns genommen,
> Damit Du in der Zahl der Gottgeliebten Frommen
> Bei Zeiten glänzest. Dein Christus führt Dich ein,
> Wo jeder unter uns ihm wünscht, einmal zu sein.
> Warum betrauern wir denn nun Dein junges Sterben?
> Ist Dir denn weh geschehn, daß Du so bald must erben
> Das Reich der Herrlichkeit? Ach wären wir bei Dir!
> Du schaust dort lauter Lust, wir nichts als Unlust hier.

[30]) So singt Neumark u. a. (F. L. Abth. II. S. 136) von Weimar:

> Aber kein Ohrt unter allen hat mich so vergnügt ergetzt
> Als die schönen Ilmen-Auen, da ich mich nu mehr gesetzt.
> Hier war meiner Reise Ziel, hier wil ich zukünftig leben,
> Hier wil ich auch meinen Sinn zu getreuen Diensten geben.

Aus einem anderen Gedichte (F. L. Abth. II. S. 278) ersehen wir, wie die trauten Familienkreise der Werners, Neumarks 2c. am Geburtstage des Herrn Just Werner sen., dessen schönen neu angelegten Garten zu Lützendorf fröhlich einweihen 2c.

[31]) Aus Nieritz' Büchlein: „Georg Neumark und die Gamba" entnehmen wir, daß nach einer älteren Chronik der Stadt Weimar im Jahre 1711 daselbst der herzoglich sächsische Kapellmeister Wustermann verstorben sei, dessen Ehefrau Amarillis die Tochter G. Neumarks gewesen.

[32]) Das Hauptwerk unseres N. auf weltlichem Gebiete ist der oben erwähnte „Neusprossende Palmbaum": eine Geschichte des Palmenordens. Nürnberg (ohne Jahreszahl). Nach der Unterschrift unter der Widmung wurde das Buch bereits 1668 gedruckt, aber erst 1673 herausgegeben. Benutzt ist dabei eine ältere Schrift: „Der deutsche Palmbaum", verfaßt von K. G. Hille, dem „Unverdrossenen". Nürnberg 1647. — Außer den sonst hie und da bereits erwähnten Schriften Neumarks mögen noch folgende genannt werden: Keuscher Liebesspiegel, ein bewegliches Schauspiel 2c.; Thorn 1649. — Poetisch-historischer Lustgarten; Frankfurt 1666. — Perlenkrone, 1672. — Davidischer Regentenspiegel; Jena 1655, später unter dem Titel: Davidische Ehrenkrone christlicher Potentaten, neu herausgegeben 1675. — Die Erhöhete Fryne Bozene. — Die Comödie von der Kalisten und Lysandern. — Im zweiten Teile der „Davidischen Ehrenkrone" ist noch enthalten: „Der große Filaret oder der zugleich weise und tapfere Regent in der Person des weiland Durchlauchtigsten Fürsten und Herrn Wilhelm IV. (II.), Hertzog zu Sachsen. In einem Schäfergespräch angestellet. (Vgl. Anm. 24.)

[33]) Der Titel dieses Schäfer-Romans lautet: „Betrübt-Verliebter, doch endlich hocherfrewter Hürt Filamon wegen seiner eblen Schäffer-Nymfen Belliflora"; Hamburg 1640. (Siehe S. 11.) Wir haben es hier mit einer schäferlichen Liebesbeschreibung zweier hochedlen Personen zu thun, auf deren Bitte dieselbe in eine Pastorale (Schäfergedicht) gebracht ist. Der Vf. ist über diese adlige Demut der fürstlichen Personen entzückt, mit der sie sich, von Cupidos' Pfeil getroffen, zur Schäfergestalt herablassen. „In der herzbrechenden Erzählungsart",

sagt Gervinus, „in den ungeheuren Perioden voller Participialconstructionen mit eingeschobenen Relativsätzen und Parenthesen erkennt man den sonst so sprachlichen Mann nicht wieder."

34) Die Kettenreime bezeichnet und rühmt N. als seine eigene Erfindung. So sagt er im F. L. Abt. II. S. 231 u. a.

> ... ich hab mich bedacht,
> Und ein neues Werk der Versch hervorgebracht,
> Das ziemlich schwehr und mühsam fället,
> Wenns nach der reinen Kunst gesetzet werden soll,
> Das nicht wie hinkend geht mit Fehlern voll,
> Das selten seinen Schritt und Gang
> Gehalten wird ohn' allen Zwang,
> Daß Zeilen ihren Rahmen hätten,
> Wenns Euch beliebte, von den Ketten,
> Weil sich ein jeder Versch, zur andern Zeil gesellet,
> Geschlossen in sich selbst, wie rundgekrümmte Schlangen,
> Das Ende reimet sich mit dem, was angefangen;
> Der Mittelreim muß aber also stehn,
> Daß allzeit zwei und zwei geschränket anzusehn 2c.

35) Sehr abfällig urteilt auch Koberstein (Geschichte der deutschen National-literatur. 5. Aufl. von Karl Bartsch; Leipzig 1872) über die in Rede stehenden Schriften Neumarks. So ist u. a. der „sieghafte David", ein Gedicht in trochäischen Versen, nach dem Genannten ein äußerst elendes und plattes Mach-werk, eigentlich auch nur die erweiternde Bearbeitung eines lateinischen Gedichts, Davids Kampf mit Goliath beschreibend. — Ebenso die Geschichten aus dem klassischen Altertum: Kleopatra, Sophonisbe 2c. bezeugen insgesamt, wie ohnmächtig die Dichter in der künstlerischen Behandlung gegebener Stoffe waren. Mit anderen Dichtern, wie Philipp von Zesen und David Schirmer, hielt sich auch N. mehr oder weniger bald an Opitz oder an Fleming, bald an die Nürnberger; alle aber bereiteten auch schon die prunkhafte und schwülstige Manier der jüngeren Schlesier vor.

36) Der „Vorbericht an den geehrten, lieben Leser" verdient gelesen zu werden, insbesondere S. 4 u. 5. Wir beschränken uns hier auf die Bemerkung, daß der erste Teil im ganzen 26 geistliche Lieder enthält (7 moralische und 19 Gelegenheitsgedichte), außerdem aber noch 33 meist schäferliche Liebeslieder. 15 Lieder der ersteren Art hat N. auch selbst komponiert. Bei Göbeke (Elf Bücher deutscher Dichtungen, Leipzig 1849) fanden Aufnahme: Loblied des Feld- und Waldlebens — Loblied Göttliches Wortes — Loblied des Studierens — Wunschlied — „Wer nur den lieben Gott läßt walten — Bittlied — Betrachtungslied — Alkäisches Wahllied und jenes Sonnett, das wir auf S. 13 zum Abdruck gebracht.

37) Das Vorwort zu diesem Buche rührt her von Dr. Joh. Ernst Gerhard, Professor und Rektor in Jena und Neumarks Schwager und Gevatter. Dann folgt die Widmung Neumarks an seine Kinder, d. d. 23. Dez. 1667, wonach er das Buch denselben, da sie noch unmündig waren, als Weihnachts-geschenk bestimmte, damit sie eine treue und väterliche Erinnerung zu gottseliger Andacht und gläubigem Gebete hätten. Dabei giebt er an, er habe solches verfaßt, „dem großen Gott zu Ehren, der ihn so väterlich

angesehen und ihn aus gefährlicher Leibesschwachheit, die ihm etliche Wochen dermaßen zugesetzt, daß er an gänzlicher Wiedergenesung zu zweifeln anfing, nach seiner großen Barmherzigkeit erlöset und ihm nach solch ausgestandenem Unglückswetter die liebestrahlende Gnadensonne wieder völlig und herrlich scheinen lassen."

T. I. enthält nur Prosagebete; T. II. dagegen 100 Lieder, nämlich 90 gebräuchliche Kirchenlieder von anderen Dichtern, und 10, von N. selbst verfaßt.

[38]) Wir citieren hier nach Koch, Geschichte des Kirchenliedes; leider gelang es uns nicht, selbst Kenntnis von diesem Büchlein Neumarks zu nehmen.

[39]) Dies Lied von Neumark darf nicht verwechselt werden mit dem anderweiten: „Ich lasse Gott in Allem walten, sein Wille bleibt mein bester Rath" ꝛc., welches entweder von Erdm. Neumeister (s. Quedlinburger Gsb. 1736 — Berliner Gsb. 1853) oder aber von C. A. Kopp, Advokat in Naumburg, herrührt, dessen Namen es im Hildesheimischen Stiftsgesangbuche und im Anhange des Naumburger Gesangbuches vom Jahre 1717 tragen soll.

[40]) Weiter äußert sich Neumeister a. a. O. über Neumark: Er ist ein Künstler von nicht zu verachtender (Form=) Feinheit, obgleich er sich mehr als eine Freiheit erlaubt hat, welche wir ihm jedoch sowohl um seiner übrigen Vorzüge, als insbesondere um seines Hauptliedes („primarius ille hymnus"): „Wer nur den lieben Gott läßt walten" ꝛc. gern verzeihen. —

Summa: N. war, soweit wir ihn nach seinen Schriften beurteilen können, ein wackerer, ernster, frommer Mann, der es wußte, was es mit dem Leben auf sich habe, und der, so wenig er die erlaubten Genüsse der Erde verschmähte, über sie doch nie das Bessere vergaß. Wenn er in einem seiner Lieder (F. L. Abt. I. S. 158 sqq.), nachdem er die thörichten Neigungen der Weltmenschen geschildert, von sich sagt:

„Ich habe mir ein Andres vorgesetzt,
Das mein Gemüt und Herz mit Lust ergetzt"

so dürfen wir nach allen Anzeichen glauben, daß wir hier nicht ein heuchlerisches Selbstlob, sondern die Stimme eines wohlbegründeten Selbstbewußtseins vernehmen.

So ist auch seine Muße — ein seltener Fall in jener Zeit! — eine durchaus keusche und reine, und mit bestem Gewissen konnte er in dem Motto zum F. L. sagen:

„Wenn nur nicht über diesen Wald ein Tugendsinn wird klagen,
So hab ich meinen Herzenswunsch vergnügt davongetragen."

Wer nur den lieben Gott läßt walten.

Vorspiel.

G. Neumark.
1640. (1657.)

Erste Geigenstimme.

Andere Geigenstimme.

Grundstimme.

Choral.

Wer nur den lie = ben Gott läßt wal = ten und hof = fet
Der wird Ihn wun = der = lich er = hal = ten in al = ler

auf ihn al = le Zeit: Wer Gott dem Al = ler=
Not und Trau = rig = keit.

höch = sten traut, der hat auf kei = nen Sand ge = baut.

Druck von Hermann Beyer & Söhne in Langensalza.

Foi

Druck von Hermann Beyer & Söhne in Langensalza.

Printed in the USA
CPSIA information can be obtained
at www.ICGtesting.com
LVHW072010030224
770871LV00008B/1447